VIA ROMEA GERMANICA
Rom-Pilgern mit Hund von Stade nach Rom
– Teil 1: von Stade bis nach Nordhausen

AF210852

VIA ROMEA GERMANICA (I)

Rom-Pilgern mit Hund von Stade nach Rom

Teil 1: von Stade bis nach Nordhausen

Christian Hottas

Impressum

Bibliografische Information der Deutschen Nationalbibliothek: Die Deutsche Nationalbibliothek verzeichnet diese Publikation in der Deutschen Nationalbibliografie; detaillierte bibliografische Daten sind im Internet unter dnb.dnb.de abrufbar.

© 2024 Christian Hottas, 22393 Hamburg

Herstellung und Verlag: BoD – Books on Demand, Norderstedt

ISBN: 9 783758 312854

INHALTSVERZEICHNIS

Die in den Tagesüberschriften und im Text erwähnten **Etappen** beziehen sich auf die Empfehlungen auf der Internetseite und in den Broschüren zur VIA ROMEA GERMANICA.

VORGESCHICHTE

Die VIA ROMEA begegnete mit zuerst im Frühjahr 2020 auf einem facebook-Foto, auf dem ich ein mir bis dato unbekanntes Pilgerwegzeichen sah. Als ich dies nachrecherchierte, fand ich die VIA ROMEA. Im Oktober 2021 sahen meine Lebensgefährtin Christine, unser Hund Kito und ich diese Zeichen, diesmal „live", als wir den Jakobsweg Via Baltica gingen, da dieser von Harsefeld bis hinter Zeven auf identischer Route verläuft. Ende Februar 2022 fand ich bei der Pilger-Messe in der Hauptkirche St. Jacobi Hamburg weitere Informationen. Im Juli 2022 pilgerten Kito und ich den gesamten Jacobusweg Lüneburger Heide und kreuzten dabei in Soltau auf die VIA ROMEA. Und im September 2022 gingen wir zu dritt die Schlussetappe der Via Jutlandica von Stade bis Harsefeld. Diese ist deckungsgleich mit der ersten Etappe der VIA ROMEA.

In Stade erstanden wir im September 2022 „sicherheitshalber" schon einmal die Pilgerpässe der VIA ROMEA. Diese sind allerdings im Format DIN A 5 und rund 5 mm dick, also durchaus ungewohnt groß und recht schwer. Die gleich große erste Auflage dieses Pilgerpasses (mit einer schöneren Oberfläche) trug nur den Titel „VIA ROMEA", während die zweite Auflage „VIA ROMEA GERMANICA" heißt.

Zwischenzeitlich hatte nämlich der italienische Partnerverein darauf verwiesen, dass es in Italien jede Menge „römischer Straße" gibt, weshalb man hier den Zusatz „deutsche römische Straße" einfügte.

Die drei zu diesem Pilgerweg erschienenen Bücher sind zwar alle vergriffen, aber die beiden Bände von Jochen Heinke „Der mittelalterliche Pilgerweg Via Romea" hatte ich bereits im Mai 2020 online erworben, und den Pilgerführer „Via Romea Stade – Mittenwald" fand ich Ende Januar 2023 in einem Antiquariat.

Und am 3. Februar 2023 lernte ich schließlich bei einem Pilgertreffen des Freundeskreises der Via Romea in Stade auch Sigrid Strüber persönlich kennen, die zugleich die Wegepatin für den ersten Teil der VIA ROMEA ist. Wie ich Mitte Februar 2023 herausfand, gibt der italienische Partnerverein „Via Romea Germanica Association" handlichere Pilgerpässe heraus. Man kann diese über credenziale@guidaromea.eu per Mail bestellen. Unsere in schöner Handschrift bereits personalisierten Pässe trafen nach rund drei Wochen per Brief ein. Als Gegenleistung überwies ich eine Spende nach Italien.

Diese Skizze zeigt den nördlichen Teil der Via Romea Germanica von Stade bis zu den Alpen – Das Buch beschreibt unseren Weg von Stade nach Nordhausen am südlichen Rand des Harzes. (Quelle: www.viaromea.de)

GESCHICHTLICHER HINTERGRUND DER VIA ROMEA

Albert von Stade, dessen Geburtsort und -jahr (möglicherweise 1187) nicht belegt sind, war ein Bremer Domherr. 1230 wurde er Prior, 1232 dann Abt des **Benediktiner**klosters St. Marien in Stade.

Albert war jedoch nicht nur im Benediktinerorden verwurzelt, sondern hatte auch enge Beziehungen zum strengeren Zisterzienserorden. So erfolgte Alberts Weihe zum Abt in Stade (statt durch den zuständigen Bremer Erzbischof Gerhard II.) durch Balduin von Alna, einen **Zisterzienser**mönch. Auch hatte Albert (damals noch als Propst von Ramelsloh) die Gründungsurkunde des **Zisterzienser**klosters Lilienthal mitunterzeichnet.

Wegen der seiner Ansicht nach unzureichenden Zucht im Stader Marienkloster wollte Albert 1235 dieses Benediktinerkloster in ein **Zisterzienserkloster** umwandeln. Aus diesem Grund trat er nach eigenen Angaben 1236 die Reise nach Rom an, um von Papst Gregor IX. die dazu notwendige Zustimmung zu erbitten. Der Papst stimmte seinem Wunsch nach strengeren Sitten zu, jedoch legte er sich nicht auf die Umwandlung in ein Zisterzienserkloster fest. Erzbischof Gerhard II. erhielt jedoch schriftlich das Recht zu einer solchen Umwandlung. Da der Bischof jedoch nicht weiter tätig wurde, konnte Albert seine Pläne nicht durchsetzen, woraufhin er 1240 das Marienkloster verließ und in das Minoritenkloster St. Johannis in Stade (die Minoriten waren ein den Zisterziensern sehr nahestehender Orden) wechselte, in dem er später ebenfalls Abt wurde.

In seiner von 1204 bis 1256 verfassten mehrbändigen Weltchronik *Annales Stadensis* beschreibt Abt Albert seine Reise nach Rom in einer sehr genauen und ausführlichen Form, die wahrscheinlich als Wegweiser für damalige Wanderer gedacht war. Der Hinweg führte ihn über französische Zisterzienserklöster, insbesondere das Kloster Cîteaux, Ursprung und Zentrum dieses Ordens, nach Rom. Auf dem Rückweg nach Stade folgte er der direkten Route und machte dabei in Arezzo, Meldola, Padua, Trient, Bozen, Brixen, Sterzing, Matrei, Innsbruck, Zirl, Mittenwald, Partenkirchen, Oberammergau, Schongau, Igling, Augsburg, Donauwörth,

Marktoffingen, Dinkelsbühl, Rothenburg, Aub, Ochsenfurt, Würzburg, Schweinfurt, Münnerstadt, Bad Neustadt an der Saale, Meiningen, Schmalkalden, Gotha, Bad Langensalza, Nordhausen, Hasselfelde, Wernigerode, Hornburg, Braunschweig, Rietze und Celle Station.

Dieser direkte Rückweg von Rom nach Stade verlief über sogenannte Altstraßen. Dies sind historische Straßenverbindungen, die nicht erst als Pilgerwege entstanden, sondern bereits zuvor existierten und die u.a. als Handels-, Pilger- und Heerwege genutzt wurden.

Die heutige VIA ROMEA GERMANICA entspricht der Rückweg-Route Alberts, so wie dieser sie damals selbst aufgezeichnet und veröffentlicht hat. 2007 hatten der italienische Anthropologe Giovanni Caselli und der deutsche Pfarrer i.R. Uwe Schott begonnen, Alberts Reiseweg zu erforschen. Uwe Schott identifizierte die von Albert 1237 beschriebenen 28 deutschen Etappenorte und Giovanni Caselli die italienischen Etappenorte. Am 7. März 2008 trafen sich in Ochsenfurt erstmals zwölf Vertreter der genannten deutschen Pilgerstädte. Ein zweites Treffen im etwas größeren Kreis gab es am 14. November 2008 in Bad Neustadt an der Fränkischen Saale.

Am 30. Januar 2009 fand dann in Hornburg am Harz die Gründungsversammlung des „Fördervereins Romweg – Abt Albert von Stade e.V." statt, zu dessen Gründungsvorsitzenden Andreas Memmert, der Bürgermeister der gastgebenden Stadt, und als Vize Uwe Schott gewählt wurden.

Eine ähnliche Entwicklung führte in Italien zur Gründung der Partnervereins „Via Romea Germanica". Beide Vereine entwickelten ein gemeinsames Logo, das der Pilgerwegmarkierung zugrunde liegt, und arbeiten eng zusammen.

Der deutsche Förderverein betreibt die Internetseite www.viaromea.de, die umfangreiche Hintergrund- und ausführliche Streckeninformationen bereithält. Dabei wird der deutsche Streckenanteil in 14 regionale Abschnitte und 54 Etappen eingeteilt. Zu jedem Abschnitt und jeder Etappe gibt es Wegbeschreibungen und Tracks und für den gesamten deutschen Streckenteil ein mehrmals jährlich aktualisiertes Verzeichnis der Pilgerunterkünfte.

An diesem Vorgaben orientieren sich auch meine Etappeneinteilungen in diesem Pilgerbüchlein.

PACKLISTE

Als Packlisten habe ich diverse Excel-Dateien im PC gespeichert, die sich je nach Tour-Dauer, Jahreszeit und Infrastruktur unterscheiden. Meine Ausrüstung auf der VIA ROMEA sieht letztlich wie folgt aus:

Transport:

- ✓ 30-l-Rucksack

Kleidung am Körper:

- ✓ Fleecejacke
- ✓ T-Shirt
- ✓ lange Wanderhose
- ✓ Wanderschuhe
- ✓ Gürtel mit Flaschenhalter
- ✓ Mütze / Basecap

Kleidung im Rucksack:

- ✓ 2-3 Unterhosen
- ✓ 2-3 Paar Socken
- ✓ 1-2 T-Shirts zum Wechseln
- ✓ 1 Paar leichte Hausschuhe
- ✓ **je nach Jahreszeit & Wetterprognose:**
- ✓ regenfeste Jacke
- ✓ ggfs. dünne Regenhose
- ✓ kurze oder lange Wanderhose

Ausrüstung:

- ✓ Handy
- ✓ Kamera Canon 100D mit Ersatz-Akku (kleinstes Canon-Spiegelreflexmodell)
- ✓ Laptop (für WLAN und Tagesberichte)
- ✓ Netzkabel & Ladegeräte für Handy, Kamera und Laptop
- ✓ Brustbeutel (Klarsicht)
- ✓ Folienponcho (65 g, schützt auch den Rucksack)

- ✓ Stirnlampe (auch für nachts in der Pilgerunterkunft)
- ✓ Kulturtasche mit Zahnbürste sowie Miniportionen Zahnpasta, Shampoo, Deo, Nagelschere, Nagelfeile
- ✓ Melkfett
- ✓ 2 jeweils 0,75-l-Trinkflaschen mit Tee (eine am Gürtel, eine im Rucksack)
- ✓ Verpflegung (s. u.)

Dokumente etc.:

- ✓ Personalausweis, Bargeld, EC-Karte
- ✓ Pilgerpässe (die deutschen im Format DIN A 5 sowie die italienischen in schlankem DIN A6)
- ✓ Pilgerführer bzw. ausgedruckte Streckenkarten und weitere Infos (wobei die tagesaktuellen in der linken Hosenbeintasche meiner Treckinghose stets greifbar sind)

Kito:

- ✓ Trockenfutter, Leckerlis & Sticks
- ✓ Wasserflasche und Trinkschälchen
- ✓ „Schietbüddel"

Verpflegung:

- ✓ 2 (im Sommer: 3) 0,75-l-Trinkflaschen mit Tee, Cola, Saft oder Wasser (eine am Gürtel, der Rest am oder im Rucksack)
- ✓ 2-4 Brötchen
- ✓ Teewurst (hält sich ungekühlt gut)
- ✓ Cabanossis
- ✓ ggfs. Kartoffelpüree oder Suppe zum Aufgießen mit heißem Wasser

6. MAI 2023
STADE NACH HARSEFELD
(Tag & Etappe 1)

Diese Auftakt-Etappe der VIA ROMEA sind Kito und ich bereits am 11. September 2022 mit Christine gegangen. Damals war es unsere letzte Etappe im Verbindungsstück zwischen dem Dithmarscher Jakobsweg und der Via Baltica. Wir hätten es uns damals also leicht machen und unsere in Stade neu gekauften VIA ROMEA Pilgerpässe gleich mitstempeln können. Dies widerstrebte uns jedoch. Wir wollten erst in Ruhe den einen Pilgerweg zu Ende gehen sein, bevor wir den anderen anfangen. Außerdem ist diese Etappe so hübsch, dass man sie mehr als einmal gehen kann!

Um 6:45 Uhr klingelt der Wecker. Kurz vor sieben Uhr stehe ich auf und packe die letzten, gestern Abend noch aufgelisteten Utensilien in den Rucksack. Kurz nach halb acht verlassen wir das Haus und erreichen rechtzeitig die S-Bahn-Station Poppenbüttel. Unser Zug fährt pünktlich um 7:49 Uhr los. Er ist ziemlich leer, was mich etwas irritiert, aber natürlich nicht stört. Am Hauptbahnhof Hamburg klappt das Umsteigen von der S 1 in die S 3 reibungslos, und so kommen wir pünktlich um 9:29 Uhr in **Stade** an. Stade ist der Endbahnhof der S 3.

Wir gehen dieselbe Route durch einen Park und dann entlang des alten Hafens bis zum Schwedenspeicher wie im September 2022 mit Christine. Das Museum Schwedenspeicher öffnet erst um 10 Uhr, so dass wir ein wenig warten müssen. Hier kaufe ich mir einen VIA ROMEA Pilgerpass aus der ersten Auflage, die einen schöneren und robusteren Einband hat, und lasse mir gleich einen Stempel in selbigen geben. Im benachbarten Stadtmarketing, das auch erst um 10 Uhr öffnet, hole ich mir den Start-Stempel in meinem neuen Pass und lasse zudem auch unsere kleineren und leichteren italienischen VIA ROMEA Pilgerpässe stempeln.

Den Weg durch die Stader Altstadt hatte ich mir zuvor auf einem Stadtplan angesehen und eingeprägt, so dass wir problemlos das **Johanniskloster** mit der **Statue des Abtes Albert** finden. Kito posiert sogar ganz geduldig neben dieser Statue.

Der Weg von diesem offiziellen Startpunkt der VIA ROMEA durch die Stadt ist hervorragend ausgeschildert. Es gibt quasi keine Chance, sich zu verlaufen. Bei einem Bäcker in der Hökerstraße kaufe ich einen Apfelkrapfen, drei Brötchen und einen Becher Kaffee. Den Krapfen und den Kaffee verzehren wir noch vor Ort an einem Tisch vor der Bäckerei.

Kito ist schnell im Pilgermodus, möchte aber offenbar lieber ohne Leine pilgern. Noch in den Parkanlagen neben der Schwinge lasse ich ihn los, und da er stets dicht bei mir bleibt und auf Rückruf auch sofort kommt, lasse ich ihn auch in den Wohngebieten, die wir durchqueren, weiter frei herumlaufen. Allerdings muss ich trotzdem immer wieder auf der Hut sein. Einmal versucht er glatt, nach dem Postzusteller und einem anderen Mann in ein Mehrfamilienhaus zu gehen.

Das Wetter ist sehr angenehm zum Pilgern. Wie bei wetter.de prognostiziert, muss es während unserer Anreise geregnet haben. Bei anfangs 10 °C, später 15 °C, tut es wirklich gut, zügig zu gehen. Andererseits kommt man auch nicht unnötig ins Schwitzen.

Hinter dem **Gut Hagener Mühle** mit seinem schönen Mühlenteich passieren wir erneut den großen Reitplatz, auf dem im September 2022 viele Kinder ihr Können demonstrierten. Jetzt trainieren einige Reiterinnen hier ihre Springpferde, wobei die Höhe der Hindernisse sehr moderat ist.

Je weiter aufs Land hinaus wir kommen, umso grüner wird die Natur. Immer wieder riecht es wunderbar nach frisch bestellter, feuchter Erde.

Nach gut neun Kilometern (ab dem Johanniskloster Stade bzw. 11,7 km ab Bahnhof Stade) erreichen wir nahe des Orts Hagen den Picknickplatz, an dem wir bereits im September gerastet hatten. Kito freut sich sehr, als er ihn findet. Wir verweilen etwa 20 Minuten hier, trinken etwas und essen eines der drei Brötchen, die ich in Stade gekauft hatte.

Wenig später durchqueren der Pilgerweg und wir die Anlage des Golfclubs Deinster Mühle. Aber Golfer und Pilger stören sich nicht gegenseitig. Am Clubhaus des Golfclubs stoppen wir kurz, und während Kito brav neben meinem Rucksack sitzt und ihn bewacht, lasse ich unsere großen Pilgerpässe stempeln.

Direkt nach der gut frequentierten Autostraße bei **Deinster**, die wir bald darauf überqueren, bekommen wir Zulauf: Ein anscheinend herrenloser Dackelrüde gesellt sich zu Kito. Die beiden Rüden spielen ein wenig miteinander, wobei Kito dem kurzbeinigen Kollegen schnell klarmacht, wer hier der Chef ist, nämlich er, Kito. Der Dackel folgt uns durch eine Siedlung Deinsters, über einen unbeschrankten Bahnübergang (bei dem wir einen Schienenbus abwarten und durchlassen müssen) und immer weiter hinaus aufs freie Feld. Er macht keinerlei Anstalten, umzukehren und nach Hause zu laufen. Hat er hier kein Zuhause? Wurde er ausgesetzt? Oder hat er einen so weiten Aktionsradius? Immer wieder galoppiert er Kito mit kurzen, stampfenden Schritten hinterher. Inzwischen ist er sicher bereits 2,5 bis 3 Kilometer mitgelaufen.

Was soll ich mit ihm anfangen? Ihn mitnehmen? Was würde Christine sagen, wenn ich mit zwei Hunden heimkäme?

Als uns ein junges Paar mit einem Husky-Rüden entgegenkommt, spreche ich die beiden an, ob sie den Dackel kennen. Nein, leider nicht. Aber da sie hier aus der Gegend kommen, nehmen sie sich seiner an. Sie leinen ihn mit der Schleppleine ihres Huskies an, was der Dackel sich problemlos gefallen lässt, fotografieren ihn für irgendwelche Online-Gruppen und nehmen ihn wieder in die Richtung mit, aus der er mit uns gekommen ist. Damit ist er sehr einverstanden und trabt zufrieden neben dem Husky und dessen Menschen her.

Die Landschaft ist schön flach und angenehm zu pilgern. Das neue, frische Grün um uns herum ist eine echte Wohltat. Und die maximal 15 °C nachmittags sowie rund 2-3 Stunden Frühlingssonne sind sehr pilgerfreundlich und angenehm.

Unser Pilgerweg streift den Rand des Frankenmoors, eines renaturierten Hochmoors, wo wir – bzw. Kito als der dafür zuständige Spezialist – unseren zweiten Rastplatz dieser Etappe vom September 2022 finden.

Diese zweite Rast war aber auch wirklich nötig und mehr als willkommen: Kito hatte reichlich Durst und ebensolchen Hunger. Er beanspruchte einen guten Anteil unseres Teewurstbrötchens sowie einiges von seinem Premium-Trockenfutter, das ich ihm aber eh über den gesamten Tag anstelle von Leckerlies gebe.

Nachdem wir einige Spargelfelder passiert haben, erreichen wir **Ohrensen**. Während die Karte im Outdoor-Pilgerführer zur Via Jutlandica eindeutig beschreibt, dass hier die Via Romea <u>nicht</u> wie die Via Jutlandica nach halbrechts abbiegt, sondern geradeaus weitergeht, weisen uns die VIA ROMEA Wegweiser ganz eindeutig gemeinsam mit der Jutlandica nach halbrechts in Richtung **Aueniederung.** Damit bin ich sehr einverstanden, weil ich diesen Abschnitt noch in höchst angenehmer, positiver Erinnerung vom September habe. Kito hat eh keinerlei Einwände. Für ihn ist es nur wichtig, dass er dabei sein darf und möglichst viel Bewegungsfreiheit im Grünen hat.

Ab Ortseingang **Harsefelds** wird dann die Wegfindung schwieriger. Das liegt weniger an fehlenden Markierungen, sondern mehr an zugewachsenen oder von parkenden Autos zugestellten. Im Bereich der Klosterteiche und des Klosterparks verlieren wir die Wegführung zweimal kurz, finden sie jedoch rasch wieder.

Diesen Abschnitt kennen wir noch gar nicht! Im September 2022 waren wir hier bereits vom Jakobsweg in Richtung Bahnhof abgebogen, wo wir unseren Zug heimwärts passgenau noch erwischten.

Ab den Ruinen des ehemaligen Klosters und ab der evangelischen Kirche bin ich dann wieder im Bilde. Wir passieren das Eiscafé Dante, in dem wir 2021 zu dritt zu Abend aßen. Von hier sind es nur ein paar Meter bis zur katholischen **Kirche St. Michael** und zu unserer Pilgerunterkunft.

Wir legen jedoch noch einen kleinen Schwenk ein und gehen – auf der Suche nach einem Supermarkt – in Richtung Ortszentrum und Kreisverkehr. Rasch entdecke ich einen PENNY-Markt. Während Kito wieder mustergültig brav wartet, kaufe ich rasch Teewurst, Käse, Hunde-Sticks, Schokolade und Kaubonbons. Als ich meine Einkäufe gerade im Rucksack verstaue (es ist 18:05 Uhr), ruft Maria Schimmöller, unsere Pilgerbetreuerin, an. Ich verspreche, in zehn Minuten dort zu sein, was wir sogar knapp unterbieten. Sie ist wenige Minuten später dort.

Da eine Pilgerin – Anne aus Sachsen – das Pilgerzimmer bekommen hat, werden Kito und ich im Gemeindesaal einquartiert. Auch hier haben wir eine Küche und Sanitärräume, aber keine Dusche und kein WLAN. Das lässt sich verschmerzen.

Ich versorge zunächst meinen kleinen Mitpilger. Kito ist durstig und hungrig. Er verschlingt gut zwei Drittel der 300-Gramm-Packung Nassfutter, die ich soeben für ihn gekauft habe. Ansonsten macht er es sich auf seiner Schmusedecke gemütlich, die ich aufs Fußende unserer Matratze gelegt habe.

Kath. Kirche St. Michael Harsefeld

Kurz nach 19 Uhr brechen wir beiden jedoch noch einmal auf. Ich habe nämlich leider nur 50-Euro-Scheine und keine kleinen Scheine, die ich als Spende in der Spendendose zurücklassen kann. Wir gehen kurz zu Dante, aber dort ist es brechend voll. Die Alternative ist ein Döner-Laden, in dem ich uns eine Döner-Box kaufe und so zu ausreichend kleinen Scheinen komme. Kitos erste Priorität ist eindeutig das Dönerfleisch. Seine Pommes lässt er so lange liegen, bis er sieht, dass kein Fleisch mehr da ist und er somit auch keines mehr bekommen kann. Na gut, dann isst er halt auch die Pommes.

Später schauen wir kurz bei Anne herein, um uns das Gästebuch zu holen. Ich unterhalte mich sehr nett mit ihr, während Kito auf meinem Arm kuschelt. Anne ist von Swinemünde bis nach Bremen unterwegs, geht also den gesamten deutschen Teil der Via Baltica. Insgesamt hat sie dafür vier Wochen eingeplant. Morgen will sie aber nicht bis Zeven, sondern hat in Heeslingen, einem Ort vor Zeven, eine private Pilgerunterkunft gefunden.

21

Sie berichtet, dass viele der im 2022er Outdoor-Pilgerführer gelisteten Pilgergastgeber keine Pilger mehr aufnehmen und dass es immer wieder sehr schwer ist, Pilgerquartiere zu finden.

Später machen Kito und ich es uns dann in unserem Raum, dem Gemeindesaal, gemütlich. Während Kito tief und fest schläft und seine vielen Tageseindrücke nachbearbeitet, sitze ich am Laptop und schreibe die meinigen nieder. Zwischendurch bekomme ich noch einen kurzen Anruf von Christine, die sich erkundigt, wie es uns denn so ergangen ist. Sie findet die Geschichte mit dem Dackel äußerst amüsant und meint, mit einem weiteren Hund hätte sie sicher leben können. Kurz vor 23 Uhr machen wir Kitos Abendrunde und gehen dann zu Bett.

Tageskilometer: 30,62 km, davon 3,5 km Anreise bis zum Johanniskloster und 27,1 km auf der Via Romea

Erkenntnis des Tages: Pilgern ist echte Lebensqualität und Besinnung auf das Wesentliche, sei es als Jakobspilger oder – für uns völlig neu – als Rom-Pilger.

7. MAI 2023
HARSEFELD NACH ZEVEN
(Tag & Etappe 2)

Frühmorgens – so gegen halb fünf – weckt mich ein heftiger Wadenkrampf rechts. So etwas hatte ich schon lange nicht mehr. Ich muss rasch aus dem Schlafsack und kann den Krampf glücklicherweise sofort wegdehnen. Kito versteht meine Aktionen nicht und ist sichtlich irritiert. Als ich mich wieder in den Schlafsack lege, kuschelt er sich aber sofort wieder an mich.

Wie immer sind wir um sieben Uhr wach, schmusen aber erst noch reichlich und stehen erst kurz nach halb acht auf. Kitos Morgenrunde ist überschaubar kurz: Bereits nach weniger als 150 Metern hat er alle Geschäfte erledigt. Als wir gegen 8:20 Uhr zur Pilgerunterkunft zurückkommen, treffen wir Anne, die gerade aufgebrochen ist. Wir wünschen einander einen guten Weg. Wir werden uns ziemlich sicher nicht wiedersehen.

Kito und ich frühstücken in aller Ruhe, und ich schmökere noch ein wenig im Gästebuch und der ebenfalls im Pilgerzimmer ausgelegten Literatur, darunter dem Buch „Einfach losgehen!" von Heike Götz.

Um 9:50 Uhr habe ich endlich alles gepackt und wir können aufbrechen. Mit Maria Schimmöller konnte ich auch noch kurz schnacken. Den Weg zum Bahnhof kennt Kito bestens. Hier waren wir ja auch bei seinen „Geschäftsrunden" gestern Abend und heute früh entlang gegangen. Wir lassen den PENNY links liegen, biegen aber bei EDEKA kurz ab, weil der dortige Bäcker bis 11 Uhr geöffnet hat. Da ich noch zwei geschmierte Brötchen im Rucksack habe, kaufe ich nur ein Brötchen und ein Franzbrötchen, das hier „Zimtbrötchen" heißt. Vor der Shell-Tankstelle biegen wir in die Jahnstraße ab und passieren eine Seniorenanlage und ein Schulgelände. Bald haben wir den Ortsausgang erreicht.

Ab Beginn der Jahnstraße – also noch innerorts – habe ich Kito losgemacht. Er freut sich darüber sehr, tobt im Galopp hin und her, bleibt aber immer ganz in meiner Nähe.

Viele Abschnitte der heutigen Etappe habe ich noch vom Oktober 2021 sehr gut in Erinnerung, andere dagegen fast gar nicht mehr. Wir sind sehr

23

zügig unterwegs, laut Christines GPS-Armbanduhr teilweise sogar schneller als 5 km/h, aber wir hetzen nicht. Es läuft sich einfach gut am immer noch frischen Morgen.

Steine mit Sinnsprüchen vor Hollenbeck

Wir erreichen und durchqueren **Hollenbeck**. Hier trifft die Via Jutlandica, so man nicht bereits wegen einer Übernachtung den Zubringer nach Harsefeld gepilgert war, endgültig auf die Via Baltica. Im Unterdorf finden wir am Übergang der Straße Am Brink zur Straße Buttermoor einen kleinen Pilgerrastplatz mit einem eigenen Pilgerstempel, welcher in einem umfunktionierten Briefkasten untergebracht ist.

Über die Straße Buttermoor verlassen wir den Ort und gehen am Ende dieser Straße, außerhalb des Orts, halblinks in einen heute gut begehbaren, trockenen Feldweg.

Wir stoßen auf eine Landstraße mit Radweg, von der wir nach 260 Metern nach rechts in eine kleinere Straße ohne Radweg abbiegen. Auch sie verlassen wir sehr rasch (nach 230 Metern) nach rechts, diesmal in einen Feldweg.

Nach einem Linksbogen nehmen wir den ersten kleinen Abzweig nach links wahr. Dieser schmale Weg ist wunderschön und bringt uns nach **Kakerbeck**. Am Sportplatz treffen wir zwei Hunde mit ihren Menschen. Während Kito mit einem zehn Monate jungen Golden Doodle (Mischung aus Königspudel und Golden Retriever) spielt, klönen wir Menschen ein wenig. In Kakerbeck findet Kito denselben Picknickplatz, an dem wir bereits 2021 gerastet haben. Da man Rituale bekanntlich pflegen muss, machen wir hier auch heute knapp eine Viertelstunde Pause.

Der nächste Ort ist **Oersdorf.** Wir durchqueren ihn fast ohne Besonderheiten. Erst kurz vor dem Ortsende – hier heißt unser Weg „**Heerstraße**" – habe ich bei einem Bauernhof eine besondere Erinnerung: Ich frage den Jungbauern, der gerade zum Stall geht, ob dieser Hof im Oktober 2021 anlässlich einer Hochzeit besonders geschmückt gewesen sei. Er rechnet kurz durch und bestätigt mir meine Erinnerung. Das sei anlässlich der Silberhochzeit seiner Eltern gewesen.

Ein paar hundert Meter später – wir haben inzwischen auch **Kohlenhausen (Koldehus)** passiert, eine Häusergruppe, die kaum als eigener Ort auffällt – knickt die Landstraße nach halbrechts ab, während unser Pilgerweg schnurgeradeaus weitergeht.

Ab hier gehen wir auf einem uralten Handels-, Pilger- und Heerweg, der bereits im 11. und 12. Jahrhundert von skandinavischen Pilgern auf ihrem Weg nach Santiago, Rom und Jerusalem lebhaft frequentiert wurde und im 12. Jahrhundert in einem isländischen Pilgerführer beschrieben wurde. Frankreichs Kaiser Napoleon I. Bonaparte ließ ihn Anfang des 19. Jahrhunderts zur breiten Heerstraße ausbauen, auf der er rasch sowohl Truppen als auch schweres Gerät (Artillerie) bewegen konnte, weshalb dieser Weg auch als **Napoleonweg** bekannt ist

Was diesen Wegabschnitt so einzigartig macht, sind die teils riesigen Findlingssteine an den Streckenrändern, von denen einige als Gedenksteine hergerichtet sind. So gibt es einen „Fleegersteen" zum Gedenken an zwei kurz vor Kriegsende in der Nähe abgeschossene Piloten, einen „Welfensteen" zur Erinnerung an die Annexion des Königreichs Hannover durch Preußen 1866, einen „Flüchtlingssteen", einen „Reformationssteen", einen diesem Weg hier und seiner Geschichte gewidmeten Stein und am Ende einen „Napoleonstein".

Beim Welfensteen gibt es auch einen Pilgerrastplatz mit einem dazu hergerichteten Findling als Rastplatztisch. Kito okkupiert Tisch und Bank. So legen wir hier erneut eine Pause ein, zumal wir inzwischen beide hungrig und durstig sind.

Den Spruch auf der Banklehne *„Die Erinnerung ist das einzige Paradies, aus dem wir nicht vertrieben werden können."* fand ich 2021 gut. Heute jedoch fällt mir plötzlich auf, dass so manche Erinnerung jedoch auch die Hölle sein kann, die man gerne vergessen möchte. Ich denke da auch an Kitos „erstes Leben", bevor er über den Tierschutz zu uns kam.

Gedenkstein für den „Stadt-Napoleonsweg: Alter Handels-, Heer- und Pilgerweg, vermutlich seit etwa 2000 v. Chr. – Rom 1848 km – Reykjavik 2130 km"

Der schnurgerade Weg geht sich gut, und bis auf einige wenige Fahrradfahrer haben wir ihn auch fast ganz für uns. Wir passieren einen Wald zu unserer Linken, in dem sich einst ein Hexenplatz sowie ein Dorf mit einer sagenumwobenen Herberge befand, in der die Gäste ausgeraubt und ermordet wurden.

Beim bereits erwähnten „Napoleonstein" machen wir unsere dritte Tagesrast. Hier führt der Pilgerweg geradeaus in eine von rechts einmündende Landstraße mit Geh- und Radweg. Irgendwo müsste der Pilgerweg vor dem nächsten Wald nach rechts in einen Feldweg abbiegen, aber ich sehe bei beiden Feldwegen keinerlei Wegzeichen. So gehen wir weiter bis zur T-Kreuzung am Ende unserer kleinen Landstraße, an der wir einen weiteren kleinen Findling mit dem Jakobswegzeichen sehen. So ganz falsch sind wir also nicht. Wir biegen nach schräg rechts ab und folgen dem Geh- und Radweg der Stader Straße in Richtung **Heeslingen**. Kurz nach dem Ortseingang sehen wir ein zum Verkaufsraum umgewidmetes Gartenhaus der „Betontüdeleien". Hier gibt es jede Menge hübsche Spruchtafeln, Kerzenständer und andere Souvenirs, die alle aus Beton gefertigt wurden. Das wäre etwas für meinen Freund Helmut, dessen Lieblingsmaterial Beton ist. Ich finde einen hübschen Kerzenständer in Form einer Rosenblüte, den ich für Christine kaufe.

Kurz darauf mündet auch die von uns verpasste Wegführung der Via Baltica und der Via Romea in die Stader Straße. Aber schon nach wenigen Metern biegen wir – nun wieder auf dem rechten Weg – nach links ab und erreichen wenig später die **St. Vitus Kirche**. Sie ist leider zu. Kurz nach einem Kreisverkehr im Ortszentrum Heeslingens biegt unser Pilgerweg von der Straße nach links ab. Ab jetzt haben wir wieder herrliche Waldwege unter uns. Hier macht das Gehen wieder doppelten Spaß.

Im Ortsteil **Offensen** sehen wir an einem Pilgerrastplatz mit Wegweiser „SANTIAGO de COMPOSTELA 2009 KM" (was maßlos untertrieben ist) plötzlich Anne sitzen, unsere Mitpilgerin aus der Pilgerunterkunft Harsefeld. Ich hatte also Unrecht, als ich heute früh annahm, wir würden uns nicht mehr treffen. Wir lassen uns neben ihr nieder, und Anne und ich tauschen unsere Erlebnisse des heutigen Tages aus. Sie wartet hier, weil sie im Haus hinter diesem Pilgerrastplatz heute ihr Privatquartier hat, aber erst ab 17 Uhr dort einziehen kann. Aber bis dahin sind es nur noch ein paar Minuten, und als sie sich aufrafft und bei ihren Gastgebern klingelt, ziehen Kito und ich weiter.

Wir kommen an einem weiteren Findling vorbei, diesmal an einem mit schönem Muschelemblem, auf dem Kito brav für ein paar Fotos posiert.

Auf einer Holzbrücke überqueren wir die Oste. Der Weg steigt im Wald leicht ab, überquert eine wenig frequentierte Bahnlinie und biegt am Naturfreibad nach rechts ab. Hinter dem Freibad taucht er erneut in den Wald ein und folgt diesmal der Aue-Mehde, bis wir das einstige Kloster (jetzt Museum) und die **St. Viti Kirche Zeven** erreichen.

Weg zwischen Heeslingen und Offensen

Leider ist jedoch das Museum bereits seit 25 Minuten geschlossen, und ich habe zunächst keine Idee, wo im sonntagabendlichen Zeven es jetzt noch einen Stempel für unsere großen Pilgerpässe geben könnte. In der Fußgängerzone (Lange Straße) entdecke ich das Eis Café Santin. Bis auf ein Eis Café in Bielefeld-Schildesche, das uns seinen Stempel verweigerte, hatte ich bislang stets Glück. Also binde ich Kito draußen an, gehe hinein und frage, ob sie mir unsere Pilgerpässe nach Rom stempeln können.

„Rom" ist offenbar das Zauberwort! Der Chef ist sofort ganz Ohr und fragt gleich noch einmal nach. Richtig: Wir sind keine Jakobspilger nach Santiago, sondern wir pilgern auf der VIA ROMEA nach Italien – nach Rom. Der Chef kommt superschnell mit seinem Stempel um den Tresen herum, stempelt unsere deutschen Pilgerpässe und liest in den italienischen Pässen unsere Route in seinem Heimatland nach. Er ist hin und weg und spendiert mir zum Dank (!) dafür, dass er unsere Pilgerpässe stempeln dufte, ein leckeres Eis mit zwei Kugeln in der Waffel.

Auf diese Reaktion war ich kein bisschen gefasst. Aber sie gefällt mir, und das Eis ist wirklich super-lecker. Vielleicht sollte ich auf der VIA ROMEA künftig öfters in italienischen Eis Cafés nach Stempeln fragen?

Bis zur Abfahrt unseres Busses nach Bremen Hauptbahnhof haben wir noch gut eine halbe Stunde Zeit, die wir auf einer sonnenbeschienenen Bank am Busbahnhof Zeven verbummeln. Ähnlich viel Zeit bleibt uns dann in Bremen zum Umsteigen in den Metronom RE 4 um 20:33 Uhr nach Hamburg. Hier erwischen wir gleich die nächste S 1 nach Poppenbüttel, wo wir um 22:25 Uhr eintreffen.

Unterwegs verpennt Kito die meiste Zeit, aber als wir am Ziel aus der S-Bahn steigen, kann er die letzten 800 Meter nach Hause gar nicht schnell genug hinter sich bringen!

Tageskilometer: 29,02 km plus 0,8 km zu Hause = 30,62 km

Gesamtkilometer: 60,44 km

Erkenntnis des Tages: Pilgern ist nie langweilig, sondern birgt auch auf schon bekannten Strecken immer neue Überraschungen. Und als Rom-Pilger hat man bei mindestens einem italienischen Eis Café einen unerwarteten Bonus.

10. JUNI 2023
ZEVEN NACH GYHUM
(Tag & Etappe 3)

Diese Etappe hatte ich ursprünglich erst für Ende Juni oder Anfang Juli eingeplant. Am 11./12. Juni wollte ich dagegen an einem 100-Kilometer-Marsch teilnehmen. Wegen angesagten bis zu 30 °C verwerfe ich diesen Gedanken jedoch und finde, dass dieses Wochenende eine gute Gelegenheit ist, gemeinsam mit Kito weiter auf der VIA ROMEA zu pilgern. Da passt es ganz gut, dass die 3. und die 4. Etappe mit nominell 15,1 bzw. 16,9 km sehr kurz sind. Unter normalen Bedingungen wäre ich in Versuchung gewesen, beide an einem Tag zu gehen. Bei diesen Temperaturen verzichtete ich aber auf eine Doppeletappe und plane diese Etappen einzeln ein.

Also setzte ich mich am Dienstag, dem 6. Juni, an den Schreibtisch und telefoniere diesmal (wegen der ja nur ziemlich kurzen Vorlaufzeit) meine angedachten Pilgerunterkünfte an: In Gyhum erreichte ich die Pilgeransprechpartnerin Irmela von Lenthe sofort. Sie ist gerade erst vor zwei Tagen von einer eigenen Reise zurückgekehrt und sagt mir sofort eine Unterbringung zusammen mit Kito im Gemeindehaus zu. In Scheeßel kann ich niemanden mehr im Gemeindebüro der Ev. Kirchengemeinde St. Lucas erreichen, so dass ich der Gemeindesekretärin Ines Otworowski stattdessen eine Mailanfrage schicke. In Bellen erreiche ich Udal Wiederhold, Mühlenbauer und Pilgergastgeber, und bekomme von ihm ebenfalls eine sofortige und sehr freundliche Zusage. Damit ist die Unterkunftsfrage zu zwei Dritteln schon einmal auf Kurs.

Am Abend des 9. Juni buche ich online mein Niedersachsen-Ticket für unsere heutige Anreise und auch gleich das HVV-Ticket für unsere Rückreise am Dienstag und lege die meisten Utensilien für meinen Rucksack bereit. Warme Kleidung sowie Regensachen entfallen angesichts der Wetterlage. Was ich leider vergesse, ist Kitos Kuscheldecke, die er so liebt und die ihm in jeder Unterkunft gleich seinen Platz definiert.

Um 8:29 Uhr sitzen wir in Poppenbüttel in der S 1, die auch pünktlich abfährt und uns um 8:57 Uhr ebenso pünktlich am Hauptbahnhof entlässt. Kurz nach 9 Uhr trifft auf Gleis 13 A-C unser Metronom RE 4 ein, der sich sehr rasch füllt und pünktlich (!) um 9:15 Uhr abfährt. In Tostedt haben wir dann von 9:46 bis 10:19 Uhr Pause, ehe uns der Bus 3860 zu unserem Anreiseziel, dem Busbahnhof Zeven, bringt. Auch mit der Empfehlung der DB-Auskunft, der S 1 um 8:59 Uhr und dem Metronom RB 41 um 9:37 Uhr ab Hamburg Hbf, hätten wir den Bus noch erreicht, aber dies schien mir im Vorfeld zu unsicher, weshalb wir lieber früher ab Zuhause starteten.

In **Zeven** suchen wir zunächst das Tourismusbüro auf, wo wir unsere Pilgerpässe stempeln lassen und zudem noch aus erster Hand einige Informationen zu den Nordpfaden bekommen. Anschließend versorge ich uns bei PENNY mit den nötigen Lebensmitteln für heute und morgen. Einerseits wegen des Wochenendes, andererseits mangels Einkaufsstruktur müssen wir uns bis Scheeßel aus meinem Rucksack heraus verpflegen.

Vom Vitusplatz aus erreichen wir sehr rasch die Kirchhofsallee und damit den Verlauf der Via Baltica und der VIA ROMEA. Beide Pilgerwege sind bis etwa zur Mitte unserer heutigen Etappe identisch. Dann zweigt die Via Baltica nach rechts und die Via Romea nach links ab.

Es ist unangenehm warm, sicherlich schon um 25-26 °C im Schatten, also gut 32-33 °C in der Sonne, und so lasse ich Kito noch innerhalb der Zevener Wohnbebauung ohne Leine laufen. Er nutzt diese Freiheit auch sofort, um maximal viel Schatten für sich zu finden. Wie schon im letzten Sommer rennt er gerne ein wenig vor, bis er einen besonders schönen Schattenplatz gefunden hat, macht es sich dort kommodig und beobachtet mich, während ich mich ihm nähere. Überhaupt ist Kito heute wieder besonders fürsorglich und auf mich fokussiert.

In **Oldendorf** machen wir auf der Sitzbank vor der Freiwilligen Feuerwehr unsere erste Rast (von vielen), und Kito trinkt durstig Wasser aus dem Deckel seiner Flasche.

Die Strecke ist unspektakulär, aber leider nicht verkehrsfrei. Selbst auf der Straße hinter Oldendorf begegnen uns – in beiden Richtungen – diverse Fahrzeuge, teils auch mit erstaunlich hoher Geschwindigkeit. Erst jenseits der Steinfelder Straße, einer Landstraße, der wir beim Queren rund 200 Meter ohne Geh- und Radweg folgen müssen, wird die Strecke endlich ruhig und sind wir alleine mit und in der Natur.

Nachdem wir das Hermelsmoor passiert haben, trennen sich – wie erwähnt – die beiden Pilgerwege. Wir folgen der VIA ROMEA nach links.

Solche Wegabschnitte sind purer Pilgergenuss.

Hier biegt die Via Baltica nach rechts und die Via Romea nach links ab.

Auf einer Schafweide direkt neben unserem Weg haben sich fast alle Schafe in den Schatten geflüchtet. Als ich dieses Bild fotografieren möchte und mich dem Gatter nähere, flüchten sie alle und formieren sich rund 30 Meter von uns entfernt in der prallen Sonne.

Wir verlassen den Wald auf einem pulverstaubigen tiefen Weg und erreichen die offenen Wiesenfläche des Königsmoors, wo wir uns auf einem schönen Wiesenstück eine halbe Stunde Rast im Schatten gönnen.

Während wir beide – Seite an Seite – schlafen, ist Kito trotzdem weiter wachsam. Und als sich uns ein ihm unbekanntes und daher schwer einzuschätzendes Tier zu sehr nähert, sprintet er plötzlich los, um dieses unbekannte Tier zu verscheuchen. Als der Storch dann den – aus Kitos Sicht – nötigen Abstand einhält, bleibt Kito völlig entspannt. Störche kennt Kito halt bislang noch nicht. Und was er nicht kennt, ist aus seiner Sicht erst einmal potentiell gefährlich und daher mit größter Vorsicht zu genießen.

Kito überwacht den Sicherheitsabstand.

Irmela von Lenthe, unsere Ansprechpartnerin in Gyhum, ruft mich an, um sich nach unserem voraussichtlichen Eintreffen zu erkundigen. Bis dahin haben wir jedoch noch gut 5-6 Kilometer vor uns.

Der schnurgerade Weg entlang des Königsmoors ist wieder ziemlich schattenarm, aber für Kito dank seines Schatten-Suchtaktik eindeutig besser machbar als für mich.

Und in **Wehldorf** machen wir dann eine erneute Trinkpause. Ab hier folgt die VIA ROMEA rund 500 Meter der Bundesstraße B 75, ehe sie nach links, also gen Südosten, auf eine kleine Landstraße nach **Gyhum** abbiegt. Glücklicherweise hat letztere auch wieder einen guten Geh- und Radweg. Und nach nur 1,5 Kilometern erreichen wir unseren Zielort.

Wir gehen bis zur **Margaretenkirche**, einer hübschen etwa 1000 Jahre alten romanischen Dorfkirche mit einem freistehenden Glockenturm aus dem 17. Jahrhundert. Die Kirche ist geöffnet und schön kühl. Vor dem Eingang zur Kirche gibt es einen umfunktionierten Briefkasten, in dem sich einige Exemplare des Gemeindebriefes und der Pilgerstempel befinden.

Als ich unsere Pilgerpässe gerade eben fertig gestempelt habe, erscheint gegen 16:40 Uhr Irmela von Lenthe mit ihrem Fahrrad und geleitet uns zum rund 250 Meter entfernten modernen Gemeindehaus, wo ich auch Franziska Schaller, die junge Pastorin, und ihre Familie kennenlerne. Das Pastorat ist gleich nebenan.

Wir haben eine Küche mit Kühlschrank und Kaffeemaschine und dazu Sanitärräume (allerdings ohne Dusche) zur Verfügung. Die Spende in Höhe von 20 € nimmt Frau von Lenthe bereits bei unserem „Einzug" in Empfang. Unser Nachtlager ist im Jugendraum im Obergeschoss. Hier gibt es zwar vier Sofas, die aber alle nur 1,3 Meter lang sind, so dass wir uns zwei der drei dicken Matten als Schlafunterlage auf dem Boden gruppieren. Die nächsten Stunden in den Abend hinein hängen wir genussvoll ab und schlafen viel. Selbst während meiner Tagesaufzeichnungen in den Laptop liegt Kito auf seinem Nachtlager.

Gegen 21:30 Uhr absolvieren wir dann noch Kitos Abendrunde, ehe wir uns noch zwei Fladenbrote mit Teewurst gönnen und dann zu Bett gehen.

Tageskilometer: 16,7 km

Gesamt-Kilometer: 77,14 km

Erkenntnis des Tages: Pilgern bei über 30 °C ist echt anstrengend. Da sind auch kurze Etappen völlig ausreichend.

Margaretenkirche Gyhum

müder Vier-Pfoten-Pilger bei der Tagesnachbearbeitung.

11. JUNI 2023
GYHUM NACH SCHEEßEL
(Tag & Etappe 4)

Gegen halb drei nachts weckt mich mein kleiner, treuer Begleiter. Er hat offenbar so viel getrunken, dass er – ganz gegen seinen sonstigen Rhythmus – zu nachtschlafender Zeit einmal raus muss. In der sehr angenehmen Nachtluft gehen wir jedoch nur eine sehr kurze Runde. Dann hat Kito fertig gepullert und will wieder zurück. So müssen wir morgens nicht wie sonst kurz nach sieben Uhr los, sondern können bis nach acht Uhr liegen bleiben, schlafen, kuscheln und dösen.

Als Kito wieder raus möchte, ziehe ich mich an, und wir gehen nun die rund 500 Meter zum „Tank-Treff Gyhum". Unwillkürlich erinnere ich mich an unsere erste Übernachtung auf dem Dithmarscher Jakobsweg in Hemme Ende Juli 2022: Auch dort war der Tank-Treff die einzige Einkaufsoption im Ort. Auf dem Rückweg – nun mit frischen Brötchen im Gepäck – besichtigen wir noch den Friedhof, auf dem wir die Familiengrablege der Freiherren von Hammerstein finden.

Wieder im Gemeindehaus angekommen, werfe ich die Kaffeemaschine an und bereite unser Frühstück vor. Kito ist ebenfalls hungrig, aber zugleich auch anspruchsvoll: Brötchen mit zu wenig oder gar ohne Teewurst akzeptiert er nicht.

Immer wenn ich aus der ersten Etage nach unten in die Küche des Gemeindehauses gehe, um meinen Kaffeebecher nachzufüllen, folgt er mir lautlos und legt sich innen vor die Eingangstür in die Sonne. Ansonsten – so auch jetzt beim Schreiben dieser Zeilen – liegt er zusammengerollt möglichst dicht neben mir.

Kurz vor zehn Uhr bin ich fertig und beginne mit dem Packen. Und um 10:20 Uhr gehen wir los, zunächst bis zur Kirche, deren Türen gerade offenstehen. Wir betreten die Kirche, wobei ich Kito auf dem Arm habe. Zwei Frauen richten alles für den Gottesdienst gleich um elf Uhr her. Und als die Organistin sich einspielt, ist Kito sofort eine ganze Stufe entspannter. Nur die ältere Dame, die schnurstracks auf ihn zugeht, verbellt er, so dass wir zügig aufbrechen.

Vor dem Haus Nr. 15 treffen wir Frau von Lenthe, mit der wir ins längere Gespräch kommen. Sie stammt hier aus der Region und war lange als Gemeindeschwester tätig, ein Beruf, den sich immer weniger Gemeinden heutzutage leisten können. Wir singen noch gemeinsam „Wem Gott will die rechte Gunst erweisen", und Frau von Lenthe spendet uns noch einen Pilgersegen für den weiteren Weg. Dann brechen wir kurz vor halb zwölf auf.

Kito liebt es, sich im Gras zu wälzen.

Gleich nach dem Ortsausgang bekommt die Bahnhofstraße einen Geh- und Radweg, so dass ich Kito ab hier freilaufen lasse. Wir überqueren die Autobahn A 1 und wenig später die Bahnlinie, wo es tatsächlich einen Bahnhof Gyhum gibt!

Am Ortseingang von **Hesedorf** biegt der Pilgerweg nach links ab und macht einen Bogen vorbei an mehreren alten Kätner- und sonstigen Fachwerkhäusern. Hesedorf, das bereits seit rund 6.000 bis 8.000 Jahren besiedelt ist, zieht sich ziemlich lang hin. Am Abzweig zum Waldbad finden wir einen schönen Picknickplatz und machen unsere erste ausgiebige Rast des Tages. Kito ist vor allem durstig. Ich auch.

Hesedorf, Häuslingshaus von ca. 1845

Hinter dem Hesedorfer Holz, einem Waldgebiet rechts unserer Straße, biegt der Pilgerweg halbrechts auf kleinere Straßen ab und wird bald zum Feldweg. Ab dem Borchelhof ist der Weg wieder asphaltiert. Wir erreichen eine Landstraße, der wir nach links in Richtung *Langenhörn* folgen. Hier soll es ein Melkhus geben, in dem man frische Milchprodukte, darunter auch Eis, bekommen kann. In Anbetracht der aktuellen Mittagshitze mit rund 30 °C im Schatten sehnen wir uns beide nach einer weiteren Pause und vor allem nach Erfrischung. Leider finden wir aber weder das Melkhus noch einen Hinweis darauf.

Immerhin treffen wir, kurz bevor der Pilgerweg die Landstraße nach rechts verlässt, einen einsam daliegenden kleinen Friedhof. Friedhöfe mag Kito fast so wie Kirchen. Sie sind ruhig und friedlich. Wir finden eine Bank und einen Wasserhahn mit herrlich kaltem Wasser. Ich mache auch Kitos Fell nass, was der wasserscheue Pinsch sich erstaunlicherweise problemlos gefallen lässt.

Wegabschnitt vor Bult

Via Romea kurz vor Jeersdorf

Nach einer halben Stunde gehen wir weiter. Es ist unverändert heiß. Kito läuft immer wieder zum nächsten Schattenspot vor und wartet dort im Kühleren, bis ich bei ihm bin.

Wir lassen – vor und hinter **Bult** – noch zwei weitere ausgiebige Schatten- und Picknickpausen folgen. Zeit haben wir ja reichlich, da Pastor Nack in Scheeßel ja erst ab 18 Uhr zu Hause sein wird. Teilweise nicke ich wieder kurz ein, aber Kito gibt wie gestern zuverlässig Laut, wenn sich uns jemand – zum Beispiel Fahrradfahrer – nähern. Ansonsten bleibt er aber brav an mich gekuschelt liegen. Er meldet sie halt nur. Aber das ist ja auch völlig okay.

Der Pilgerweg ist in diesem Segment sehr hübsch, mal asphaltiert, mal Feldweg, aber stets kurzweilig. Allerdings gibt es immer wieder längere schattenlose oder schattenarme Abschnitte.

Kurz vor **Jeersdorf** gehen wir dann durch einen schmalen Singletrail, der teilweise durch einen „grünen Tunnel" führt. Hier zeigt mir Kito ganz deutlich Witterung an. Irgendetwas ist im Dickicht links von uns oder eventuell auch dahinter. Aber Kito bleibt trotzdem brav bei mir auf dem Pilgerweg.

In Jeersdorf biegen wir in die Mühlenstraße ein, die uns fast bis zu unserem heutigen Tagesziel, der St. Lucas Kirche in Scheeßel, begleiten wird. Zunächst pilgern wir noch durch eine Wohnsiedlung. Bei einem Lokal will Kito ohne zu zögern hinein, klar: erstens kühl und zweitens Futter! Wir erreichen und überqueren die Wümme und umrunden die dazu gehörenden Mühlenteiche. Auch das ehemalige, noch immer imposante Mühlengebäude fällt mir auf.

Nach einem Linksknick passieren wir die ersten Wohngebiete Scheeßels, und um kurz nach halb sechs sehen wir die **St. Lucas Kirche** in **Scheeßel** vor uns. Wir verbringen die restliche Wartezeit in der schön kühlen Kirche. Während Kito schläft, besichtige und fotografiere ich das Kircheninnere.

Als ich kurz vor 18 Uhr zum Pfarrhaus aufbrechen will, erscheint eine Frau, die die Kirche abschließen will. Da schnappe ich mir schnell Kito und meinen Rucksack. Die Frau, die „unseren" Eingang bereits abgeschlossen hat, führt uns durch die Sakristei hinaus und zeigt uns das Haus, in dem Pastor Nack mit seiner Familie wohnt.

St. Lucas Kirche Scheeßel

Wir klönen noch ein wenig, und kaum eine Minute nachdem sie sich verabschiedet hat, trifft Pastor Nack, ein ziemlich junger Mann, mit seinen beiden Töchtern (beide deutlich unter 10 Jahre alt) ein. Er zeigt uns das Gemeindehaus, in dem wir einen kleinen Raum im Obergeschoss beziehen können. Eine Matratze gibt es diesmal nicht, so dass meine im letzten Herbst gekaufte neue aufblasbare Isomatte erstmals zum Einsatz kommen wird. Toilette und Küche sind vorhanden, Dusche leider nicht.

Während Kito im Zimmer bleibt, stempele ich beim Pastor noch unsere Pilgerpässe und kaufe unser Abendessen ein: eine große Döner-Box und ein italienisches Eis mit drei Kugeln.

Kito ist hungrig und mag Döner und Pommes. Das Eis (Amarena, Haselnuss und Erdbeere) findet weniger Anklang bei ihm, dafür dann aber wieder die Eiswaffel. Sein Trockenfutter hatte er noch nicht angerührt, isst es aber dann noch als Nachtisch.

Als ich dann an der Niederschrift meiner Tageserlebnisse sitze, schlägt Kito gegen 20:30 Uhr an: Pastor Nack bringt einen zweiten Pilger, der eigentlich das zweite, größere Zimmer im Obergeschoss beziehen soll.

Das aber mag Kito gar nicht und verbellt ihn immer wieder, so dass der andere Gast ins Erdgeschoss zieht, wo er auch durch zwei Türen von Treppe und Obergeschoss getrennt ist.

Der späte Gast scheint mir eher ein Mensch ohne festen Wohnsitz auf Wanderschaft zu sein, aber kein Pilger. Er erzählt beiläufig, dass er letzte Nacht aus seiner Unterkunft in Rothenburg/Wümme verwiesen worden ist. Heute hat er sich den gesamten Nachmittag bei einem Straßenfest in Scheeßel aufgehalten und dann versucht, auf dem Friedhof zu übernachten. Dort hatten ihn aber Friedhofsbesucher entdeckt und zum Pastor vermittelt oder sogar gebracht.

Christine, die mich gegen 21 Uhr anruft, findet diese Geschichte spannend. Aber auch sie ist überzeugt, dass Kito sich und mich heute gut und zuverlässig bewachen wird.

Als wir gegen 22:40 Uhr die Treppe hinuntergehen, um zu Kitos Abendrunde aufzubrechen, steht der andere Gast vor dem Gemeindehaus und raucht. Kito hat ihn rasch bemerkt und ruckt an, so dass ich fast die Treppe herunterfalle.

Tageskilometer: 19,3 km
Gesamt-Kilometer: 96,44 km
Erkenntnis des Tages: Bei Hitze darf man sich ruhig öfter einmal Ruhepausen im schattigen Gras gönnen.

12. JUNI 2023
SCHEEßEL NACH BELLEN
(Tag & Etappe 5)

Meine heute Nacht erstmals benutzte aufblasbare Isomatte hat sich durchaus bewährt, sieht man einmal davon ab, dass sie für uns beide etwas zu schmal ist. Kito betrachtet sie nämlich als „seine" Isomatte und macht sich auf ihr so richtig breit, so dass für meine Beine manchmal nur wenig Platz bleibt. Und wenn meine Unterschenkel oder Kniegelenke seitlich herausragen, macht sich stets nach einiger Zeit die Innenseite meines linken Knies unangenehm bemerkbar. Ansonsten haben wir beide jedoch sehr gut geschlafen, wobei der kleine Wachhund sehr lieb war und nur einmal kurz und leise gemeldet hat, dass unser Mitpilger wohl gerade aufs Klo ging.

Um halb acht ist dann aber plötzlich Alarm: Die Reinemachfrau kommt und macht alle Türen und Fenster auf, um so richtig durchzulüften. Zu uns kommt sie dank Kitos „Ansage" natürlich nicht.

Ich stehe rasch auf, ziehe mich an und gehe mit Kito auf seine Morgenrunde. Bereits nach wenigen Minuten ist er mit all seinen Geschäften erfolgreich durch. Während er anschließend in unserem Zimmer Wache hält, setze ich in der Küche des Gemeindehauses die Kaffeemaschine in Gang und kaufe beim Bäcker nebenan drei Schrippen. Danach verfrühstücken wir in Ruhe drei Nutella-Brötchen.

Beim Abwasch treffe ich in der Küche unseren Mitpilger. Sein Packfahrrad mit 60 Kilogramm Gepäck (!!!) steht am hinteren Eingang des Lutherhauses. Er ist offenbar seit vier Jahren auf Achse und war unter anderem in Spanien und in Fatima. Jetzt will er zurück nach Eckernförde, wo er zu Hause ist. Wir klönen bis fast halb zehn, ehe ich mich loseisen kann. Kito freut sich, dass ich endlich wieder bei ihm bin.

Nach dem Packen schauen wir kurz noch im Gemeindebüro bei Ines Otworowski, der Pfarrbürosekretärin, vorbei, um uns zu bedanken und eine Spende zu hinterlassen. Die wird hier eigentlich nicht erwartet, ist aber trotzdem willkommen.

„Pilgergepäck"

Unser nächster Anlaufpunkt ist der örtliche EDEKA-Markt, in dem ich neue Brötchen und reichlich Getränke für unseren Pilgertag hole.

Dann aber – kurz vor elf Uhr – können wir aufbrechen. Das Thermometer am Kreisverkehr ist inzwischen von 27,5 auf 28,7 °C gestiegen, allerdings wohl nicht im Schatten. Wir gehen den Veerser Weg entlang und verlassen Scheeßel gen Süden. Nach Überquerung der Bahnlinie biegen wir in einen Feldweg nach rechts und am nächsten Bauernhof in einen kleineren nach links.

Wir gehen direkt auf **Bartelsdorf** zu. Nach Überquerung der Veerse machen wir an einem Picknickplatz unsere erste Rast. Kito muss heute mindestens alle 40-60 Minuten trinken. In Bartelsdorf könnten wir deutlich abkürzen, wenn wir die Landstraße gingen. Aber dann würden uns jede Menge schöner Eindrücke und Erlebnisse entgehen.

So biegen wir kurz nach Erreichen des Ortskerns wieder in den Veerser Weg ein. Es ist derselbe Weg wie vorhin, nur jetzt von Südwesten nach Nordosten. Er führt auf das **Rittergut Veerse** zu, während er sich zuvor aus Scheeßel heraus dem Rittergut von Norden nähert.

Überquerung der Veerse vor Bartelsdorf

Pilgerweg vor Bartelsdorf

Obgleich das Rittergut nicht direkt an unserem Pilgerweg liegt, der nämlich rund 500 Meter früher nach rechts in die Feldmark abbiegt, wollen wir es uns ansehen. So richtig eindrucksvoll finde ich das Rittergut jedoch nicht, sieht man einmal vom repräsentativen Eingangsportal ab. Das Herrenhaus scheint jüngeren Datums zu sein.

Der Weg durch die Feldmark ist außerordentlich schön und bietet vor allem viel Schatten. Außerdem herrscht erstmals ein erfrischender Wind, den wir beide sehr genießen. Immer wieder gibt es Picknick- und Rastplätze, die Kito natürlich auch prompt ansteuert, aber mehr als drei gute Pausen machen wir nicht. Dazu gibt es viele weitere Stopps, wenn der kleine Hund durch Hochspringen an mir anzeigt, dass er durstig ist und trinken möchte. Als seine Wasserflasche kurz vor Brockel dann leer ist, biete ich ihm Wasser aus meiner Flasche an, in der ich einige Blätter Pfefferminze und Zitronenmelisse habe und das deutlich deren Geschmack und Aroma angenommen hat. So etwas trinkt er jedoch trotz Durst nicht.

Die Heilig-Kreuz-Kirche in Brockel überrascht durch ihre Querausrichtung.

In **Brockel** erkundigen wir uns gleich nach dem Weg zum NETTO-Markt, der nur rund 300 Meter abseits unserer Route liegt. Auch hier wartet Kito brav, während ich weitere Getränke und Brötchen einkaufe. In Bellen, unserem Tagesziel, gibt es weder Einkaufs- noch Einkehroptionen.

Danach holen wir uns noch an einer Gärtnerei Stempel für unsere Pilgerpässe und machen in der **Heilig-Kreuz-Kirche** einen kurzen Stopp.

Diese Kirche wurde 1190 als Eigenkirche des Klosters Rastede errichtet. Der heutige Bau ist jedoch bedeutend jünger und stammt aus dem Jahr 1804. Das Besondere an dieser Kirche ist ihre Querausrichtung: Der klassizistische Kanzelaltar steht in der Mitte der südlichen Längswand.

Wir überqueren die Bundesstraße B 71 und gehen geradeaus durch die Dorfstraße und die Straße Ostende, ehe wir am Ortsrand in den Großer Weidenweg einbiegen.

Nachdem wir auf eine ehemalige Bahntrasse gestoßen sind, überqueren wir das Flüsschen Wiedau und folgen der einstigen Bahntrasse 1,4 Kilometer. Schließlich biegen wir nach links in den Holderweg und erreichen nach 3,2 Kilometern **Bellen** und unser **Quartier bei Udal Wiederhold**.

Vor allem diese letzte Straße zieht sich ziemlich lang hin. Aber um 18:20 Uhr und insgesamt 26,7 Kilometer haben wir es endlich geschafft und sind am Tagesziel. Unser Gastgeber erwartet uns hinter seinem eindrucksvollen Holzhaus. Er führt uns eine Treppe hinauf, zeigt uns seine Wohnung mit einer riesigen Wohnküche, einem tollen Bad und einem sehr schönen und gemütlichen Gästezimmer. Handy-Empfang gibt es hier in Bellen zwar nicht, aber dafür haben wir beste WLAN-Verbindung, so dass ich meine Mails der letzten Tage, die neuesten Nachrichten und Diverses auf facebook sichten kann. Außerdem kann ich endlich wieder duschen und meinen Tagesbericht schreiben, während Kito selig vor sich hindöst. Nur als es Cevapcici gibt, ist er wieder hellwach, ebenso immer wieder, wenn ich seine Kaustangen anbiete.

Die Abendrunde gegen 23 Uhr ist keine 100 Meter lang. Kito erledigt alle Geschäfte in null-komma-nix und will dann so rasch wie möglich wieder aufs Zimmer. Kurz vor 23:30 Uhr ist dann bei uns Nachtruhe.

Tageskilometer: 26,7 km (einschließlich unserer Abstecher)

Gesamt-Kilometer: 123,14 km

Erkenntnis des Tages: Mit etwas mehr Schatten und kühlendem Wind sowie nur noch maximal 29 °C pilgert es sich wieder angenehmer. Aber reichliches Trinken ist weiterhin unerlässlich.

13. JUNI 2023
BELLEN NACH SOLTAU
(Tag 6, Doppeletappe 6 & 7)

Nach einer sehr guten und ruhigen Nacht sind Kito und ich heute früh um kurz nach sieben wieder wach. Um halb acht signalisiert der Kleine, dass er so langsam auf seine Frührunde gehen will. Die ist diesmal immerhin rund 300 Meter lang. Unterwegs sehen wir noch einen alten Porsche Traktor und posiert Kito noch vor dem Ortsschild von Bellen für einige Fotos.

Das Wetter ist erneut sonnig, der Himmel fast wolkenlos. Aktuell haben wir 17 °C. Angesagt sind 27-28 °C.

Unser erstes Tagesetappenziel ist in 13,2 km **Neuenkirchen**. Die dortige Heidetouristik hat einen Pilgerstempel und bis 13 bzw. ab 14 Uhr wieder geöffnet. Von dort sind es dann weitere 11,7 km bis zur Lutherkirche in **Soltau**, wobei wir bei Bedarf aber ja auch früher zum Bahnhof abbiegen können. Die Züge fahren stündlich, jeweils auf :01-Minuten.

Kurz vor neun Uhr ist alles gepackt. Wir sind startbereit. Zuvor jedoch gehe ich noch einmal nach unten, um 1.) den gestern Abend angebotenen Becher Kaffee zu trinken, mich 2.) zu bedanken und 3.) meinen Obolus zu entrichten.

Im Eingangsbereich sitzt jemand am Schreibtisch, den ich nach Udal frage. Es **ist** Udal! Er erklärt mir, dass wir nicht bei ihm, sondern bei seinem jüngeren Bruder Reimund Quartier bekommen hatten. Wir kommen ins Klönen, und plötzlich ist es schon wieder 10:20 Uhr…

Wir müssen endlich aufbrechen! Ich verabschiede mich von Udal und Reimund, übergebe meine Spende, und wenige Minuten später sind Kito und ich wieder auf Pilgertour.

Nach 300 Metern erreichen wir eine Landstraße, der wir nach rechts folgen. Nach weiteren 800 Metern biegen wir nach links in einen von schönen hohen Bäumen gesäumten Feldweg ab und haben erst einmal jeglichen Verkehr hinter uns gelassen.

Dafür sehe ich plötzlich etwa 80 Meter vor uns, auf der hölzernen Brücke über den Hahnenbach, einen Rehbock. Er hat uns genauso wenig entdeckt wie Kito ihn. Erst als ich Kito wieder angeleint habe, wir uns bis auf gut 60 Meter genähert haben und ich zwei Fotos geschossen habe, sieht er uns und streicht gemächlich ab. Und erst dabei bemerkt auch Kito ihn. Wie ich aus meinen Fotos hinterher ersehe, ist es ein Spießer, also ein junger Rehbock in seinem zweiten Lebensjahr. Ab der Holzbrücke zeigt mir Kito dann genau an, wo sich der Rehbock rechts von uns aufhält. Aber er macht keine Anzeichen zu jagen, sondern scheint mich eher warnen zu wollen.

Der Pilgerweg führt nun durch herrlichen Wald und nachfolgend durch schöne Alleen zwischen Wiesen und Weiden. Wir erreichen **Moordorf**, ein rund 750 Meter langes Straßendorf, das zur Kleinstadt Visselhövede gehört. Auf fast jedem Grundstück gibt es einen Hund, der sein Revier bewacht und verteidigt. Einer von ihnen ist ein Terrier-Mix in Kitos Größe, zu dem Kito einfach mal „nur so" über den abgrenzenden Wassergraben hinüber hüpft. Nachdem sich beide Hunde freundlich berochen haben, springt Kito wieder über den Graben zurück und geht mit mir weiter. Am Ende der langen Geraden durch Moordorf findet Kito eine Bank, auf der wir uns zu unserer ersten Tagesrast des Tages und zum Frühstück niederlassen.

Als wir weitergehen, biegen wir kurz hinter unserem Rastplatz nach rechts auf eine stärker befahrene Landstraße ein, die wir nach 350 Metern nach links wieder verlassen. Doch auch diese neue 2,6 Kilometer lange Landstraße bietet reges Verkehrsaufkommen, dafür aber sehr wenig Schatten. Da ich Kito des Verkehrs wegen unbedingt an der Leine führen muss, gehen wir die sonnigen Abschnitte möglichst zügig und machen dafür im Schatten immer wieder kurze „cool down"-Pausen. Eine sich nach 1,7 km anbietende Abkürzung unserer Strecke über einen verkehrsfreien Feldweg mit Bäumen nutzen wir nicht, weil ich ohne Track nicht genau weiß, wo wir dann wieder auf unsere Route stoßen würden.

Kurz nach dem Abzweig nach rechts in Richtung des Weilers **Hartböhn** – bei Tageskilometer 9,1 – finden wir einen schattigen Platz für unsere zweite Rast. Wir sind beide nach dem anstrengenden Sonnenabschnitt auf der Landstraße durstig.

Im Weitergehen passieren wir die Station Söhlingen-Ost, eine von Exxon Mobil betriebene Erdgasförderung. Wenig später weist uns ein gelber Pfeil in einen schönen Waldweg nach links. Dieser ist jedoch eine Sackgasse, so dass wir nach 350 Metern wieder umkehren und zur kleinen

Straße zurückgehen müssen. Wir passieren die wenigen Häuser Hart-
böhns und erreichen 1,5 Kilometer weiter **Rutenmühle**, eine Häusergruppe mit mindestens einem Pferdehof.

Der Wegweiser des **Rad**wegs zeigt hier nach rechts. Unsere **Pilger**wegbeschreibung weist uns stattdessen hier nach links und sogleich wieder
nach rechts in einen Waldweg mit dem Hahnenbach zu unserer rechten
Seite. Einen solchen Weg aber finden wir nicht. Wir testen zwei kleinere
Waldwege, die aber beide rasch als Sackgassen enden.

Zwei Reiterinnen empfehlen uns den größeren, sandigen Fahrweg, auf
dem sie selbst auch unterwegs sind. Der führe uns nach Neuenkirchen. Es
bleibt uns keine andere Option, auch wenn dieser Weg nach meinem Gefühl zu sehr gen Nordosten statt nur nach Osten und somit eher auf den
Ort **Brochdorf** zusteuert. Wir halten uns daher – ohne jegliche Wegmarkierungen – an den Abzweigungen tendenziell immer rechts und gelangen
nach 3,5 Kilometern tatsächlich zwischen Brochdorf und Delmsen in Sichtweite zur B 71. Plötzlich sehen wir kurz vor der Skulptur „bleiben" wieder
ein Pilgerwegzeichen der VIA ROMEA!

Trotzdem fällt es mir aktuell schwer, zu erkennen, wo wir gerade sind.
Brochdorf liegt offenbar links – also nördlich – von uns. Halblinks vor uns
sehe ich an der B 71 ein Ortsschild, das ich jedoch nicht lesen kann. Ich
fotografiere es daher mit maximaler Brennweite und zoome es dann auf
dem Display: aha, **Delmsen**. Dieser Ort liegt an der richtigen Route.

Der weitere Weg nach **Neuenkirchen** war nun einfach und schnell geschafft, und kurz nach 15 Uhr erreichen Kito und ich das Ortszentrum und
dort das Eiscafé Venezia. Die Digitaluhr im Nebenhaus weist 26 °C aus.

Ich mache den kleinen Hund an einem Baum direkt neben den Stühlen
und Tischen im Außenbereich des Eiscafés fest, lege meinen Rucksack auf
zwei zusammengeschobene Stühle neben ihn und betrete mit unseren Pil-
gerpässen das Eiscafé. Die Chefin, die uns die gesamte Zeit wohlwollend
beobachtet hat, lässt unsere Pilgerpässe umgehend stempeln, und ich
kaufe ebenso umgehend eine Eiswaffel mit zwei Kugeln, die Kito und ich
uns teilen. Melone ist besonders lecker.

Die Tourist-Information in Schroers Hof liegt fast um die Ecke, und so
holen wir uns dort auch noch den offiziellen Pilgerstempel ab, in dem der
Ort übrigens „Neuernkirchen" heißt!

Neuenkirchen mit Bartholomäuskirche

Natürlich sehen wir uns auch noch die **Bartholomäuskirche** an. Kito war da in seinem Ansinnen ganz eindeutig und genießen dann auch prompt die Stille und Kühle des Kirchenraums.

Über den Standort der Kirche und des dazu gehörigen Ortes gibt Wikipedia folgende Legende preis:

„Einst wollte man eine Kirche bauen und wählte dafür eine Stelle in Delmsen aus, die geeignet erschien. Doch die im Bau befindliche Kirche brannte dreimal ab, und so dachten die Leute, der Teufel hauste bei dieser Stelle. Da man sich aber auf keine geeignete Stelle einigen konnte, beschloss man, ein Pferd vor einen Wagen zu spannen und auf den Wagen die Kirchglocke zu laden. Damit das Pferd nicht wieder in seinen Stall zurück-, sondern einfach wahllos durch die Gegend lief, verband man ihm die Augen. Das Pferd lief los und blieb direkt im Hahnenbach stehen. Da man die Kirche ja nicht in selbigem errichten konnte, trieben die Leute das Pferd weiter an, bis es auf einer schönen grünen Wiese mitten im Ort stehen blieb. Dort baute man ohne Zwischenfälle die Kirche, die heute noch steht, und verschaffte Neuenkirchen nicht nur einen Namen, sondern auch ein Wappen, das diese Geschichte widerspiegelt.“

Nach 17,45 km sind wir um 16 Uhr nun mit der VIA ROMEA Etappe 6 fertig und können die etwa 12 Kilometer lange nächste Etappe 7 angehen.

Wenn wir hier gut durchkommen, uns nicht verfranzen und nicht zu viele und/oder zu lange Pausen einlegen, könnten wir mit Chance den Zug ab Soltau um 19:01 Uhr noch schaffen, sonst aber ganz sicher und ganz entspannt den um 20:01 Uhr.

Wir gehen auf der Hauptstraße nach Osten bis zur B 71 und folgen selbiger bis zu einer Linkskurve vor dem Ortsausgang. Hier verlassen wir sie und gehen geradeaus in die Falshorner Straße. Da wir beide sehr durstig sind, legen wir noch innerhalb der Wohnbebauung Neuenkirchens unsere nächste Rast mit ausgiebiger Trinkpause ein. Sehr rasch haben wir den Ortsrand erreicht. Ab hier folgt der Pilgerweg einem wunderschönen Heideradweg. Die Pilgerwegmarkierungen sind zwar – wie bereits den ganzen Tag über und auch gestern schon langstreckig – äußerst sparsam, aber die Radwegschilder sind mehr als ausreichend, so dass wir nie Gefahr laufen, verloren zu gehen.

Steingarten

Auch Kito genießt diesen Abschnitt und die Natur sehr. Vor allem hat er jede Menge Spaß, die zahlreichen Sitzbänke zu suchen und mir stolz zu präsentieren, wobei er so manches Leckerli abstaubt. Ansonsten fordert er auch ohne Anlass mit seinem „hungrigen Bettelblick" jede Menge Futter ein. Wobei ich nicht wirklich Leckerlis in der linken Tasche meiner Trekkinghose habe, sondern vielmehr 30-40 Prozent seiner Tagesration an Trockenfutter. Biete ich es ihm im jeweiligen Quartier aus seinem Schüsselchen an, so verschmäht er es meist. Stück für Stück von Herrchen unterwegs gereicht, genießt er es. Er ist halt ein kleiner „Prinz"!

Unterwegs durchqueren wir einen Heidehof mit Wohn- und mehreren Stall- und Scheunengebäuden. Kito ist mustergültig lieb und stets dicht bei mir. Trotzdem nehme ich ihn bei den wenigen herannahenden Autos sicherheitshalber stets wieder an die Leine.

In der Nähe von **Wiedingen** legen wir eine letzte Rast und Trinkpause ein. Unser Zeitraster sieht ausgesprochen gut aus. Die Rest-Kilometer bis nach Soltau schmelzen regelrecht dahin, ohne dass wir zum Ende des Tages hetzen müssten. Nicht-Trödeln reicht völlig.

Schließlich erreichen wir die Randbereiche **Soltau**s. Die Radweg-Zeichen weisen uns nach wie vor perfekt den Weg, und endlich haben wir den Turm der ev. **St.-Johannis-Kirche Soltau** vor uns in Sichtweite. Sie liegt an der Bahnhofstraße. Ab hier gehen wir unsere letzten 500 Meter dieser am Ende leicht modifizierten 7. Tagesetappe bis zum Bahnhof.

Dort kommen wir um 18:48 Uhr an. Der Zug der RB 38 nach Buchholz (Nordheide) soll planmäßig um 19:01 Uhr auf Gleis 7 abfahren. Mit nur fünf Minuten Verspätung ist er fast pünktlich.

Statt um 19:46 Uhr kommen wir halt um 19:53 Uhr in Buchholz an. Auf jeden Fall sind wir rechtzeitig genug, um dort den Metronom RB 41 um 19:59 Uhr nach Hamburg zu erreichen. Der fällt jedoch *„wegen eines kurzfristigen Personalausfalls"* ersatzlos aus. Wir werden um Verständnis gebeten. Stattdessen bietet sich der Metronom RE 4 um 20:19 Uhr an. Der ist auch pünktlich, hat aber einen wunderschön leeren Wagen, der *„wegen Defekt"* nicht genutzt werden kann und somit leer <u>bleibt</u>. Alle anderen Wagen sind dementsprechend überfüllt. Aber wir haben Glück und finden einen Sitzplatz, wobei Kito die gesamte Zeit auf meinen Beinen sitzen und schlummern kann.

Unser S-Bahn-Anschluss auf Gleis 1 im Hamburger Hauptbahnhof läuft auch nicht glatt: Weil irgendwelche Deppen in der Station Jungfernstieg die Türen blockieren, hängt der Zug dort ganze fünf Minuten fest.

Als wir jedoch kurz vor 21:30 Uhr endlich in Poppenbüttel ankommen und Kito dort sein Frauchen auf uns warten sieht, ist die Welt wieder in Ordnung! Alles ist gut! Und unsere vier Pilgertage auf der VIA ROMEA waren erneut ein kurzweiliges Erlebnis mit vielen neuen Eindrücken.

Tageskilometer: 17,45 km (Etappe 6, einschließlich unserer Abstecher) + 12,1 km (Etappe 7 bis zum Bahnhof Soltau) = zusammen 29,55 km

Gesamt-Kilometer: 152,69 km

Erkenntnis des Tages: Bei angenehmeren Temperaturen, mehr Schatten und schönen Heidewegen ist dieser Pilgerweg ein wirklicher Genuss für uns beide. Und ein leckeres italienisches Eis zwischendurch passt immer.

17. JUNI 2023
NACHTRAG ZUM PILGERSEGMENT
VOM 10.-13. JUNI 2023

Manchmal – so scheint es – fügen sich Dinge auf den Pilgerwegen fast wie von selbst.

Diesmal trifft dies auch auf die nachfolgenden Tage zu: Bei meinem Beinahe-Treppensturz vom Sonntag-Abend (11. Juni) in der Pilgerunterkunft war mir die umgehängte Tasche mit meinem Laptop und den anderen Wertgegenständen von der Schulter in die Ellenbeuge gerutscht. Dabei hatte eine der schmalen Kanten des Laptops genau das Wadenbeinköpfchen unterhalb meines linken Kniegelenks getroffen.

Der Akutschmerz war rasch abgeklungen, so dass ich diesem Vorfall zunächst wenig Beachtung schenkte.

Allerdings schwoll die Stelle dieser Prellung dann im Laufe des Montags und des Dienstags zunehmend an. Ich vermute, dass es ein Schleimbeutel war, der die Schmerzen und Bewegungseinschränkung verursachte. Es kann aber auch ein Bluterguss gewesen sein.

Jedenfalls schmerzte die Belastung des linken Knies immer spürbarer, so dass ich die letzten Kilometer zwischen Neuenkirchen und Soltau sichtlich humpelte, wie mir mein Schattenbild verriet.

Treppensteigen oder auch Hinuntergehen ging mit Kniestreckung oder Beugung links schmerzbedingt fast gar nicht mehr.

So war es also gut und hilfreich, dass ich mein lädiertes Knie ab Mittwoch gut schonen konnte und zum heutigen Marathon wieder schmerzfrei bin.

30. JUNI 2023
SOLTAU NACH WIETZENDORF
(Tag 7, Etappe 8)

Natürlich bin ich wieder einmal spät dran mit dem Packen. Die meisten Sachen habe ich mir gestern Abend noch aufgeschrieben und sie dann heute in aller Frühe zusammengesucht und eingepackt.

Um 7:30 Uhr brechen wir auf. Ich muss zuerst noch mein Auto in der Werkstatt abgeben, um das defekte Bremslicht rechts reparieren zu lassen. Auf dem Weg von der Werkstatt zum S-Bahnhof merke ich dann, dass ich mein Handy zu Hause vergessen habe! Damit verschiebt sich unsere Anreise nach Soltau um eine Stunde!

Aber es gibt keine andere Option. Kito und ich gehen noch einmal nach Hause, holen das Handy und nehmen statt der S 1 um 7:59 jetzt die um 8:39 Uhr. Damit kommen wir um 8:57 Uhr am Hauptbahnhof an und können statt des Metronoms RB 41 um 9:33 Uhr den Metronom RE 4 um 9:15 Uhr nach Buchholz nehmen.

Der RE 4 lässt sich reichlich Zeit, kommt mit rund einer Viertelstunde Verspätung an und fährt um 9:33 Uhr los. Um 9:57 Uhr erreichen wir Buchholz und gegen hinüber zum Gleis 11, wo unser Anschlusszug RB 38 schon bereitsteht. Eine Jugendgruppe entert unseren Zugwagen. Als die Kids für Kitos Geschmack zu laut werden, macht er eine kurze „Ansage", woraufhin einige der zuvor so coolen und kecken Mädels plötzlich gar nicht mehr so cool sind und fluchtartig in den vorderen Wagenteil flüchten.

Die RB 38 fährt pünktlich um 10:13 Uhr los. Während der planmäßigen Fahrtzeit bis Soltau von 44 Minuten baut er aber eine beachtliche Verspätung von 30 Minuten (!) auf, so dass wir erst kurz vor halb zwölf in **Soltau** ankommen.

Auf dem Weg zum gemeinsamen Kirchenbüro der St. Johannis- und der Lutherkirche reicht es gerade noch für einen sehr kurzes Einkauf bei REWE. Das Kirchenbüro hat schließlich nur bis 12 Uhr geöffnet. Wir sind um 11:50 Uhr dort, müssen aber noch 20 Minuten vor der Tür warten, da die Sekretärin noch telefoniert. Als Kito ebenfalls genervt ist und im

Treppenhaus bellt, geht es plötzlich fixer. Allerdings findet sie den Pilger-stempel nicht. Ich will nur noch weg und endlich auf den Pilgerweg und erkläre mich damit einverstanden, dass sie, statt erst noch den Küster an-zurufen, uns einfach den normalen Gemeindebürostempel gibt. Der ist zwar von St. Johannis statt von der Lutherkirche, unserem Etappenstart, aber St. Johannis liegt ja ebenfalls an der VIA ROMEA und auch in Soltau.

In der **Touristik-Info**, die wir nach wenigen Minuten sicherheitshalber auch noch ansteuern, ist man da eindeutig professioneller. Dort gibt es wahlweise den Stempel des Heidschnuckenwegs oder die Pilgerstempel des Jacobuswegs Lüneburger Heide und der VIA ROMEA. Wir wählen letzteren. Auch der Stadtplan vom Abreißblock hat alle drei erwähnten Wegverläufe farblich markiert. **Soltau ist allerbest aufgestellt!**

Wir gönnen uns noch ein Eis am Eiscafé in der Fußgängerzone, bei dem ich mir bei jedem Aufenthalt hier in der Stadt eins kaufe, und pilgern dann zur **Lutherkirche**. Die Lutherkirche Soltau war einer der letzten großen Kirchenneubauten der hannoverschen Landeskirche vor dem Ersten Welt-krieg. Sie wurde, nachdem die St. Johanniskirche 1906 abgebrannt und wiederaufgebaut worden war, 1910/1911 in einem Stilmix aus Neugotik,

Romanik und Moderne erbaut. Eigentlich ist sie, wie ein Schild ausweist, eine „Offene Kirche", aber heute nicht. Heute ist sie zu. Das verschmerzen wir. Wir haben ja unseren Soltauer Pilgerstempel und wollen jetzt endlich auf der VIA ROMEA weiterpilgern.

Die Wegmarkierungen innerhalb Soltaus und auch danach sind absolut gut. Zudem ist unser Wegverlauf weitgehend mit dem des Jacobuswegs Lüneburger Heide und des Heidschnuckenwegs identisch, so dass wir gleich dreifache Markierungen vorfinden.

Kito ist glücklich, als ich ihn endlich außerhalb der Wohnbebauung von seiner Leine befreie und er frei vor mir her toben kann.

Große Aue im Südosten Soltaus

Nach einigen Kilometern und zwei Bahnübergängen überqueren wir die Autobahn A 7 und erreichen kurz danach eine Landstraße, der wir nach links folgen. Zunächst haben wir nur einen schmalen Pfad neben der linken Straßenseite, nach 600 Metern dann aber einen breiten Grünstreifen mit Weg an der rechten Seite.

Das gesamte Terrain rechts unserer Straße gehört zur **Artillerie Feuerstellung 33**, einem Teil des **Truppenübungsplatzes Munster**. Nach 1,6

Kilometern haben wir diesen Straßenabschnitt endlich hinter uns und biegen nach schräg rechts wieder in einen Waldweg ab. Als der Wald nach knapp 300 Metern in Feld und Flur übergeht, findet Kito eine schöne Bank am Wegesrand, die wir auch sogleich zu einer kurzen Verpflegungspause nutzen.

Blick von unserem Rastplatz

Die Kilometerangaben bis nach Wietzendorf sind ein wenig widersprüchlich, aber das ficht uns nicht an. Wir sind so oder so gut in der Zeit.

Ich lese und fotografiere die zum **Wietzendorfer Ring**, einem lokalen Wanderweg, gehörenden Informationsschilder. Eines informierte über die Geschichte der *„Bürger-Schützengilde"*, ein weiteres zum Thema *„**Tote &**
Lebende", dessen Text ich so interessant finde, dass ich ihn hier vollständig wiedergebe.

„Zuhause zu sterben ist heute ein Wunsch vieler Menschen. Früher war das der Regelfall. Alte und Kranke wurden daheim gepflegt. Wenn der Tag gekommen war, nahm das ganze Dorf daran teil. In den Außenortschaften des Kirchspiels wurde zunächst der nächste Nachbar informiert. Der organisierte weiter. An Arbeiten gab es viele, und die Nachbarn waren genau nach ihren Pflichten eingeteilt.

60

Die jeweils nächsten mit je zwei Personen, die folgenden mit je einer Person. Der Nachbar zur Rechten kümmerte sich nach dem Tod um die Dienste, die heute Beerdigungsinstitute übernehmen – die Benachrichtigung des Pastors, des Küsters und z. B. des Standesamtes. Eine Frau machte in allen Häusern die Beerdigung bekannt. Der Nachbar zur Linken stellte das Gespann und fuhr, meist mit dem Leiterwagen als Leichenwagen. Zwei Frauen der übernächsten Nachbarn waren für die Dienste bei der Aussegnung und bei der Aufbahrung zuständig. Zum Beispiel kümmerten sie sich um die Leuchter und Kerzen. Zwei jungen Männer wurden zum Läuten geschickt. Das Amt der Sargträger übernahmen die übrigen Dorfbewohner im Wechsel, indem einer die anderen zusammenrief.

Oft war in den Dörfern auch Mudde Griepsch, also die Hebamme, für das Waschen und Zurechtmachen des Verstorbenen zuständig. In unseren Außenortschaften übernahmen das die Angehörigen mit einer Nachbarin zusammen. Das Gesicht des Toten wurde beim Aufbahren Richtung Haustür gelegt. In den gefalteten Händen hielt er Blumen und über dem unteren Teil des Körpers lag eine Decke. Der Raum wurde abgedunkelt und das Gesicht mit dem in der Familie vorhandenen Leichentuch bedeckt. Beileidsbesuche folgten, bei denen ein Angehöriger das Tuch zurückschlug. Kränze und Blumen der Beileidsbekundenden wurde mit in die „Dognkomme" gebracht. Der Lehrer übernahm in den Außenortschaften die Aussegnung als Trauerfeier für alle Gäste am Tag der Beerdigung mit Gebet und Gesang. Da die Särge von den Tischlern gefertigt wurden, übernahmen diese immer häufiger Bestatterfunktionen. In der Tischlerei hatte der Sarg Vorrang vor anderen Arbeiten. Bei der Einbettung des Sarges wurde strikt darauf geachtet, dass der Meister den Kopf, der Geselle den Körper und der Lehrling die Beine und Füße hob.

Von den Außenortschaften lief der Transport nach Wietzendorf. Die Trauergäste folgten dem Sarg zu Fuß. Kam er aus Marbostel oder Reddingen, stand bei Bäcker Kohlmeyer in der Hauptstraße ein „Kieke". Kamen die Trauernden aus Meinholz oder Suroide, war Elektro Horn an der Kurve der Hauptstraße der Spähpunkt. Sobald der Trauerzug gesichtet wurde, lief der Kieke zum Friedhof und benachrichtigte zum Läuten. Pastor, Küster und zwölf Konfirmanden gesellten sich nun zum Trauerzug und setzten mit dem Gesang ein."

Nachdem wir einen einsamen Hof passiert haben – die beiden anderen Wege waren kurz zuvor nach links abgebogen, überholt uns plötzlich auf dem Feldweg ein Auto mit Wohnwagen hintendran.

Wir haben es nicht mehr weit bis zum Campingplatz Südsee-Camp, aber ob das Gespann wirklich von der Nord- = Rückseite auf den Platz gelangen kann, halte ich für fraglich.

Kito erkennt den Campingplatz als potentielles Übernachtungsquartier an und möchte hinein. Wir umgehen den Platz jedoch im Gegenuhrzeiger- sinn, was in Anbetracht der Platzgröße noch einige Zeit in Anspruch nimmt, und steuern dann auf den Ortskern **Wietzendorf** zu.

Am einstigen Peetshof, der heute Heimatmuseum ist, biegen wir nach rechts ab. Hier gibt es – laut Ausschilderung – freies WLAN auf dem Geh- weg. Ich verzichte jedoch darauf, das auszuprobieren. Wir erreichen das Ortszentrum mit Rathaus, Eiscafé, Supermarkt und **Tourist-Info**. Letztere ist unser erstes Ziel. Wir lassen rasch unsere Pilgerpässe stempeln, klönen noch ein wenig, gönnen uns beim Eiscafé Martini noch ein leckeres Eis und ergänzen im Supermarkt unseren Lebensmittel- und vor allem Getränke- bestand, Im Nu ist eine Stunde um, die wir hier im Wietzendorfer Zentrum verbracht haben.

An der örtlichen Fleischerei vorbei, erreichen wir die evangelisch-luthe- rische **St. Jakobi Kirche**, die wir natürlich besichtigen. Eine erste Kirche hier in Wietzendorf ist seit 1231 belegt. Die nächste mittelalterliche Kirche wurde im 19. Jahrhundert zu klein, so dass die heutige neugotische Saal- kirche 1876 nach einem Entwurf von Wilhelm Conrad Haase, dem damals führenden Kirchenarchitekten Preußens, errichtet wurde. Der hölzerne Kirchturm, an den die jetzige Kirche quasi angebaut wurde, stammt noch von der Vorgängerkirche von 1746. Ältestes Ausstattungsstück ist das bronzene Taufbecken von 1350. Mir gefällt auch, dass die Bestuhlung un- gewöhnlich ist: Sie hat nämlich keinen Mittelgang.

1,6 Kilometer bzw. rund 20 Minuten später erreichen wir – abseits des Pilgerwegs – den südlich des Ortes gelegenen **Ferienhof Steinbruch der Familie Euhus**, unser heutiges Pilgerquartier. Hier werden wir bei unse- rem Eintreffen gegen 18:10 Uhr von der Hausherrin, Christa Herber-Eu- hus, sehr herzlich empfangen.

St. Jakobi Kirche Wietzendorf

Ursprünglich hatten wir bei der Kirchengemeinde St. Jakobi nach einer Übernachtung im Gemeindehaus angefragt. Nach einer Mail und mehreren Telefonaten kam dann vorgestern die Absage *„wegen Bauarbeiten"*. Von denen war zuvor aber nie die Rede. Gestern hatte ich dann drei Optionen: 1.) Übernachtung auf dem Campingplatz Südsee-Camp zum Pilger-/Wanderer-Sonderpreis von 22 € für uns beide (aber ohne Frühstück und mit dem Manko, das Zelt fünf Tage mitschleppen zu müssen), 2.) Übernachtung in einer Pension im Ort für 52 € (ebenfalls ohne Frühstück) und 3.) Übernachtung auf dem Ferienhof außerhalb des Ortes für 35 € inklusive Frühstück. Meine Entscheidung für den Ferienhof war eindeutig richtig!

Wir haben das größere der beiden Gästezimmer: mit drei (statt zwei) Betten, Tisch und Stühlen sowie Schränken. Beide Zimmer zusammen teilen sich ein Wohnzimmer mit Couch, zwei Sesseln und großem Fernseher.

Da wir die einzigen Wanderer bzw. Pilger hier sind, haben wir die gesamte Einheit uns. WLAN gibt es natürlich auch. Außer uns bewohnt noch eine Familie aus Kleve die Ferienwohnung, mit der wir uns (über den Flur erreichbar) Badezimmer und WC teilen. Ach ja, und eine Teeküche mit Wasserkocher sowie Kühlschrank gibt es auch noch!

Wir beide starten heute Abend keine großen Aktionen mehr. Während Kito auf seiner Kuscheldecke seine Tageserlebnisse nachbearbeitet, widme ich mich meinen Fotos, von denen ich eine Auswahl auch sogleich auf meinen facebook-Seiten hochlade.

Zum Volumenausgleich nutze ich mehrere Becher Kaffee bzw. Cappuccino.

Kitos Abendrunde gegen 23 Uhr ist wieder einmal extrem kurz. Er ist heute genug gerannt und erledigt seine Geschäfte in Windeseile.

Tageskilometer: 17,4 km

Gesamt-Kilometer: 170,09 km

Erkenntnis des Tages: Anreisetage sind immer wieder etwas Besonderes. Manchmal fangen sie ganz „bescheiden" an, können aber trotzdem noch sehr schön werden.

1. JULI 2023
WIETZENDORF NACH SÜLZE
(Tag 8, Doppeletappe 9 & 10)

Nach einer wunderbaren Nachtruhe und einer ausgiebigen Kuschel-runde beginnen Kito und ich unseren Tag erst gegen 8:30 Uhr. Als erstes steht eine Morgenrunde für Kito an (die er ähnlich fix absolviert wie seine gestrige Abendrunde), danach das bereitgestellte Frühstück. Das ist super. Es gibt Kaffee, frische Brötchen, Schweinebraten, Schinken, Lachs, Käse, Marmelade und Honig.

Da es draußen nieselt, haben wir keine Eile und genießen das Frühstück richtig lange und ausgiebig. Erst gegen 10:30 Uhr machen wir uns auf den Weg. Wir passieren **Klein Amerika** und erreichen wenig später das **Wiet-zendorfer Moor**. Damit sind wir wieder auf der VIA ROMEA.

Die Strecke ist landschaftlich sehr hübsch und sehr verkehrsarm und der Weg gut begehbar. Erneut haben wir die Strecke heute ganz für uns und treffen keine anderen Pilger. Auch die Temperatur mit 16-21 °C ist ganz angenehm. Nur die hohe Luftfeuchtigkeit und die zahlreichen, teils auch länger anhaltenden Nieselregen stören immer wieder ein wenig. Zum wiederholten Mal muss ich – meines Gepäcks im Rucksack wegen – meinen leichten Wanderponcho überwerfen.

Auch Kito mag diesen Streckenabschnitt sehr. Er ist ganz in seinem Element als **Schutzhütten-, Picknickplatz- und Wanderbänke-Suchhund**. Dazu zählt für ihn auch die aufgeständerte Aussichtshütte im Wietzendorfer Moor, die er gemeinsam mit mir erklimmt.

Wir durchqueren das Große Moor und entdecken vor **Becklingen** ein Hinweisschild zur „Herberge zum kupierten Pürzel". Diese Herberge findet sich jedoch abends weder bei Google noch auf Google Earth.

Vor dem Becklinger Moor umrunden wir ein sehr hübsch blühendes Kartoffelfeld und passieren das Gehöft **Klein Berlin**. Als mir Kito kurz vor **Wardböhmen** signalisiert, dass er Durst hat und trinken möchte, „bestelle" ich umgehend eine weitere Picknickbank bei ihm, und, wie erwartet, präsentiert er mir binnen weniger Minuten stolz eine schöne Bank. Die nutzen wir auch.

Unser Rastplatz vor Wardböhmen

Kito ist <u>sehr</u> durstig und trinkt reichlich, hat aber auch ziemlichen Appetit auf meine Brötchen, die ich wieder einmal mit ihm teilen „muss". Wir genießen einfach die Landschaft, den Weg, die Ruhe und den Frieden und vor allem unsere Gemeinschaft und die gegenseitige Fürsorge, die der kleine – pardon: mittelgroße – Hund so bedingungslos gewährt, aber selbst auch erwartet.

Wir durchqueren einen Randbereich Wardböhmens und sind rasch wieder in der freien Landschaft. Ich lasse Kito weiterhin frei pilgern.

Am Waldrand hinter der **Ortschaft Dageförde**, die eigentlich eher nur eine Häusergruppe ist, weist ein Schild zur „Pilgerherberge Jacobusweg Lüneburger Heide" der Lutherischen Kirchenmission im 1,3 Kilometer entfernten Bleckmar. Sie nimmt aber auch Rom-Pilger auf.

Der Pilgerweg zieht sich ein wenig. Wind kommt auf, und auch der eine oder andere Schauer zieht über uns hinweg.

Vor **Hagen** säumen riesige Kirschbäume unseren Weg. Mit Kirschen kann Kito jedoch NIX anfangen. Die kennt er noch nicht. Die Heidschnucken am Ortseingang dagegen findet er durchaus interessant.

Kurz nach 15 Uhr erreichen wir **Bergen** und im dortigen Ortszentrum die **St. Lamberti Kirche**. Weil gerade ein weiterer Regenschauer niedergeht, suchen wir in der Kirche Zuflucht und machen auf einer der hinteren Bänke unsere nächste Trink- und Essenspause. Hier in der Kirche gibt es keinen Pilgerstempel, und auch die inzwischen eingetroffene Organistin findet keinen. So versuchen wir unser Glück im benachbarten **Heimatmuseum Römstedthaus** und werden dort tatsächlich fündig.

Gegen 16:15 Uhr – also nach rund einer Stunde Aufenthalt in Bergen – machen wir uns dann wieder auf den Weg. Wir wollen nach der **Etappe Wietzendorf – Bergen** noch eine **zweite Etappe Bergen – Sülze** gehen. In **Wohlde** erinnert eine Informations- und Gedenktafel an die einstige Marienkapelle, eine um 1383 entstandene Wallfahrtskapelle, die sich bis 1623 großer Beliebtheit und entsprechendem Pilgerzustrom erfreute. Sie wurde im Dreißigjährigen Krieg zerstört, wobei die einstige Kirchentür aus dicken Eichenbohlen erhalten blieb und bis 1972 zu einem Backhaus in Wardböhmen gehörte. Inzwischen ist sie das älteste Exponat im Heimatmuseum Bergen.

Kurz vor 19 Uhr erreichen wir **Sülze**, unseren heutigen Zielort. Auch hier hatten wir bei der Kirchengemeinde wegen Übernachtung im

Gemeindehaus angefragt, aber leider umgehend eine Absage wegen hochgradiger Tierhaarallergie eines zentralen Teammitglieds der Gemeinde erhalten. Stattdessen hatte ich mich im zweiten Anlauf an **Gabriele Link** gewandt, die als Pilger-Ansprechpartnerin in der Unterkunftsliste der VIA ROMEA aufgeführt ist. Sie hatte mir binnen wenigen Stunden ein Privatquartier organisiert.

Wir erreichen dieses um 19:07 Uhr. Ferdinand Panten, unser Gastgeber, ist geschätzte 5-10 Jahre älter als ich. Er öffnet uns seine Haustür in Begleitung seiner Hündin, die ebenso wie Kito aus dem Tierschutz zu ihm kam. Kito und die Hündin machen sich miteinander „bekannt", und damit ist auch Ferdinand Panten für Kito „auf der guten Seite".

Wir bekommen ein tolles Zimmer im Obergeschoss. Duschen kann ich im Erdgeschoss im Badezimmer des Hausherrn. Und schnelles WLAN ist auch verfügbar, so dass ich abends einen längeren Videochat mit Christine führen kann.

Ansonsten sieht unser Feierabend wie der gestrige aus: Kito pennt tief und fest, und ich bereite den Tag nach, diesmal vor allem die Fotos. Der Tagesbericht fällt extrem kurz aus, - die ausführliche Fassung gibt es dann erst nach unserer Rückkehr zu Hause. Und Kitos spätabendliche Runde kurz vor Mitternacht ist erneut sehr kurz.

Tageskilometer: 28,6 km – Gesamt-Kilometer: 198,69 km

Erkenntnis des Tages: Die südliche Lüneburger Heide ist schön. Und Pilgertage mit Kito sind mehr denn je Qualitätstage im Leben, die mich froh und glücklich machen.

2. JULI 2023
SÜLZE NACH CELLE (Tag 9, Etappe 11)

Auch heute beginnen wir den Pilgertag sehr entspannt und liegen bis 8:15 Uhr im Bett. Kito hat sich einen Sonnenplatz ausgesucht und genießt die Morgensonne auf seinem Fell. Wir kuscheln noch eine Weile und brechen dann zur kurzen Morgenrunde auf. Wieder im Zimmer, teilen wir uns das letzte Brötchen mit Schweinebraten, das wir von gestern übriggelassen hatten.

Heute scheint die Sonne. Bei 17 °C ist es nur leicht bewölkt. Über Mittag soll es dann 20-22 °C warm werden und auch zwischendurch etwas regnen.

Kurz bevor wir aufbrechen wollen, sehe ich, dass Christine online ist. Ich rufe sie über den facebook-Videochat an, und wir klönen gut 20 Minuten. So gehen wir halt erst um kurz nach zehn Uhr los. Ich verabschiede und bedanke mich bei unserem Gastgeber und biete die übliche Spende an, die er aber partout nicht annehmen will. Da wir noch frühstücken wollen und außerdem noch Pilgerstempel benötigen, gehen wir zunächst wieder die rund 500 Meter bis zum Zentrum, d.h. bis zur Kirche, zurück. Hier ist jedoch gerade Gottesdienst.

Direkt vor dem Zugang zum Gelände der Kirche und des Pfarrhofs finden wir das **Café Up de Sülten**, das unsere Pilgeransprechpartnerin uns zum Frühstück empfohlen hat. Wie ich später von Gabriele Link erfahre, war in diesem Gebäude früher ein Blumenladen. 2020 – also zu einem Zeitpunkt, in dem andere gastronomische Betriebe gerade dichtgemachten – kauften Frau Link und ihr Mann das leerstehende Gebäude, richteten das Café ein und betreiben es seither mit viel Herzblut. Beide sind im Ruhestand und müssen nicht davon leben, sondern wollen dem Ort ganz einfach einen gemütlichen Treffpunkt anbieten, in dem auch Lesungen und Konzerte stattfinden. Kito und ich nehmen, da der Innenraum recht gut besucht ist, einen Tisch draußen. Ich bestelle einen Becher Kaffee und dazu zwei große Stücke selbstgebackenen Kuchen. Beide schmecken Kito und mir außerordentlich gut.

Frühstück im Café Up de Sülten

Da der Gottesdienst heute wegen der Feier der Silberkonfirmanten länger dauert, besichtigen Kito und ich das nur rund 150 Meter entfernte **Salinenmuseum**. Den Schlüssel zur Ausstellung im Obergeschoss des alten Treppenspeichers bekomme ich von Frau Link. Sie ist, wie ich später zu Hause recherchiere, auch die Vorsitzende des Salinenvereins Sülze.

Gegen halb zwölf ist der Gottesdienst beendet. Wir laufen Pastor Sören Bein geradezu in die Arme. Er ist deutlich größer als ich, trägt seinen weiten Talar mit zwei goldenen Kreuzen und ist mit seinem wallenden Locken ganz sicher ein imposanter Prediger. Er bittet uns ins Kirchenbüro und stempelt bereitwillig unsere Pilgerpässe. Nachdem wir auch noch die Kirche besichtigt haben, ist es gerade zwölf Uhr, als wir endlich losgehen. So spät waren wir schon lange nicht, wenn wir vor Ort übernachtet haben.

Unser erster Ort auf dem Weg ist **Eversen**. Der ist mir bereits ein Begriff, da er der einzige Ort im einstigen Fürstentum Lüneburg mit gleich drei Rittergütern ist, die auch heute noch als „aktive Rittergüter" der „Ritterschaft im ehemaligen Fürstentum Lüneburg" gelistet sind und auch alle drei der uradligen *Familie von Harling* gehören.

Vierständerhaus von 1877

Herrenhaus (Castrum) des Ritterguts Eversen III

Herrenhaus (Castrum) des Ritterguts Eversen I

Nachdem wir zuvor bereits das älteste Vierständerhaus des Orts gesehen haben, gehen wir direkt am **Rittergut Eversen III** vorbei, so dass ich das Herrenhaus (Castrum) ohne zeitlichen Aufwand fotografieren kann. Für **Rittergut Eversen I** – das älteste der drei – muss ich einen etwa 100 Meter kurzen Abstecher in Kauf nehmen. Das imposante Castrum ist von schönen alten Gebäuden und einem Wassergraben umgeben. **Rittergut E-versen II**, auch als **Majorshof** bekannt (da der erste Besitzer aus der Familie von Harling den Rang eines Majors hatte), liegt quasi gegenüber.

Auf einem gut ausgebauten Teil der Alten Dorfstraße überqueren wir die Örtze und bieten wenig später nach links in den Mieler Weg ab, einen gut ausgebauten, befahrbaren Waldweg, der zur Kleinsiedlung **Miele** führt. Dieser Weg zieht sich deutlich länger hin, als ich das von der Karte her erwartet hätte.

Da ist irgendetwas Bedrohliches. Jedenfalls will Kito nur eines: weg von hier!

Als wir noch vor Miele eine kurze Rast einlegen – Kito ist wieder einmal durstig –, bekommt der Kleine jedoch irgendeine Witterung, die ihn sehr zu beeindrucken scheint. Trinken mag er plötzlich gar nicht mehr, sondern stattdessen lieber „auf und davon". Ich kann gar nicht so schnell zusammenpacken, wie Kito es eilig hat. Danach dauert es eine ganze Weile, bis er sich wieder beruhigt hat. (Einige Wochen später erfahre ich, dass es hier einen sehr dichten Wildschwein-Bestand gibt.)

Weg unmittelbar vor dem E1, den wir an der Kreuzung im Hintergrund erreichen

Als wir um 14:30 Uhr den von Norden hier einmündenden **Fernwanderweg E1** erreichen, mit dem die VIA ROMEA nun bis Celle fast stets identisch ist, weist ein Schild noch 24 Kilometer bis Celle aus! Bis hier sind wir jedoch sicherlich bereits 6-8 unserer laut Plan 26 Tages-Kilometer gegangen! Hier kann irgendetwas nicht stimmen! Zumindest ist unser gesamter Zeitplan dieses Tages ab sofort nichtig. Obgleich wir offenkundig mit gut 4 ½ km/h vorankommen, sieht es ganz danach aus, dass wir heute erst zwischen 20 und 21 Uhr im Tagesziel ankommen! Ich gehe, so schnell es die wunderschönen, aber sehr oft naturnahen, unebenen oder auch sandigen Waldwege erlauben.

Zu allem Verdruss macht der ausgeschilderte Weg im Vergleich zur Karte nahe des **Standort-Übungsplatzes Celle-Scheuen der Bundeswehr** noch einen weiteren Umweg.

Umwegroute

Kurz hinter **Scheuen** verzweigt der Wander- und Radweg dann plötzlich. Geradeaus – auf unserer Route – sind es bis Celle noch 7,5 km, nach rechts jedoch noch 13 km, also 5,5 km mehr! Alle bisherigen Entfernungsangaben auf dem gemeinsamen Wegsegment mit dem E1 waren also 5,5 km zu lang. Damit sind wir plötzlich wieder gut eine Stunde besser im Zeitplan.

Zwischen Heinhof und Tannenhof verlaufen wir uns jedoch passager und verlieren so wieder eine halbe Stunde. Und auch danach stimmen Text, Karte und reale Markierungen sowie Wegverlauf nicht immer nachvollziehbar überein.

Aber endlich ist es dann doch geschafft: Wir sehen den Turm der **Stadtkirche St. Marien Celle**! Wir müssen zwar noch die Aller über- und die Altstadt durchqueren, aber um Punkt 19:30 Uhr haben wir die Stadtkirche dann endlich erreicht.

Jetzt müssen wir „nur noch" die **Ev.-luth. Kreuzkirche** finden, in deren Gemeindehaus wir heute Unterkunft gefunden haben. Am **Schloss** sehe ich einen Stadtplan, auf dem ich die bereits gestern Abend auf Google Maps eruierte Route zur Kreuzkirche nochmals sichte und mir einpräge.

Sicherheitshalber fotografiere ich die relevanten Kartenausschnitte auch noch ab, muss auf diese Bilder aber dann doch nicht zurückgreifen.

Gegen 19:50 Uhr rufe ich Pastorin Carola Bauermann auf ihrem Handy an. Sie ist ein wenig überrascht, da sie unser neulich geführtes Telefonat zwischenzeitlich vergessen hatte, erinnert sich dann aber sogleich. Keine zehn Minuten später treffen wir uns am Eingang des sehr großen Gemeindehauses. Wir bekommen einen sehr geräumigen Raum – eher Saal – im Souterrain, in dem sich zwei Couchen befinden, aber auch eine große dicke Turnmatte. Da „Hund auf Couch" eher nicht gut ankommt, wähle ich die dicke Turnmatte, breite zwei Decken, meinen Schlafsack und Kitos Schmusedecke aus. Und schon sind wir eingezogen.

Nach ausgiebigem Kuscheln und einer ersten Von-Hand-Fütterung des kleinen Raubtiers brechen wir um 20:40 Uhr nochmals auf. Etwa 500 Meter von hier soll es ein gutes griechisches Lokal geben, das uns Pastorin Bauermann empfohlen hat. Wir finden es zwar, aber es ist dunkel und geschlossen. So kaufe ich auf dem Rückweg zum Gemeindehaus der Kreuzkirche bei einer ARAL-Tankstelle ein: Saft, Schokobrötchen und Eis.

Der heutige Tag war echt anstrengend für uns beide. Und der kleine Kerl hatte ab der Celler Altstadt so gar keine Lust mehr. Dafür liegt er die ganze Zeit, während der ich meine Tageserlebnisse niederschreibe, neben mir und schläft tief und fest.

Gegen 23:20 Uhr begeben wir uns auf Kitos Abendrunde und danach sofort auf unser Matratzenlager.

Tageskilometer: 30,8 km

Gesamt-Kilometer: 229,49 km

Erkenntnis des Tages: Lass dich nicht verblüffen! Jedenfalls nicht von Schilderangaben eines anderen Wegs, der nur partiell mit unserem identisch ist.

3. JULI 2023
CELLE NACH BROCKEL
(Tag 10, Etappe 12)

Trotz der sehr einfachen Bedingungen schlafen wir auf der dicken Turnmatte sehr gut. Wegen der Verkehrsgeräusche vor dem Haus kuschelt sich Kito die meiste Zeit unten in meinen Schlafsack. Dort fühlt er sich am sichersten. Gegen 8:20 Uhr stehen wir auf und gehen als erstes Kitos Geschäftsrunde. Wie bei der Vorabendrunde ist er nach gut 200 Metern mit allem durch und strebt zurück zu unserem Quartier. Dort essen wir noch ein paar Schokobrötchen des gestrigen Späteinkaufs, packen und brechen um 9:05 Uhr auf.

Schloss Celle

Wir gehen denselben Weg, den wir gestern Abend zur Kreuzkirche nahmen, zurück zur Altstadt. Zunächst sehen wir uns noch ein wenig das **Schloss** an, machen eine weitere kleine Schokobrötchenpause vor selbigem und gehen dann zum Markt, wo sich die **Stadtkirche St. Marien** und die **Tourist-Information** befinden. Erstere ist zwar eigentlich eine „Offene Kirche", aber nichtsdestotrotz zu. In der Tourist-Info gibt es zwar keinen Pilgerstempel zur VIA ROMEA, aber immerhin einen zum ebenfalls hier durchziehenden Jacobusweg Lüneburger Heide. Außerdem bekommen wir dort einen großen Stadtplan vom Abreißblock. In einer Bäckerei kaufe ich mir einen Becher Kaffee und für uns beide ein Käse-Schinken-Brötchen sowie – für später – noch eine Schrippe.

Danach – inzwischen ist es 10:30 Uhr und 21 °C warm – brechen wir auf. Dank der Textbeschreibung und des Stadtplans finden wir den Weg recht gut und sind rasch im Grünen außerhalb der Bebauung. Hier gehen wir zunächst herrlich schattige Alleen.

Der Pilgerweg biegt nach links in Richtung Allerwiesen ab. Wir sind nun im Naturschutzgebiet Obere Allerniederung bei Celle. Dieser Wegabschnitt ist Genuss pur. Vor dem Ortseingang von **Altencelle** begegnet uns ein Fahrradfahrer, der eine Stute am Halfter führt. Ihr halbwüchsiges Fohlen folgt der Mutter freilaufend. Am Ortsschild treffen wir einen Mann in meinem Alter mit seinem zweijährigen Deutschen Pinscher-Rüden. Der sieht auch sehr fein aus, ist im Fell sogar noch dunkler als Kito.

Die **Kirche St. Gertrud**, die wir um 11:50 Uhr erreichen, ist leider verschlossen. Aber wir versuchen unser Glück im Pfarrhaus nebenan, wo das

Pfarrbüro bis 12:00 Uhr geöffnet ist. Die dortige Mitarbeiterin öffnet uns die Kirche und stempelt dort auch gern unsere Pilgerpässe.

Erste Bauphasen der heutigen Kirche fanden vor 1000 n. Chr. statt. Um 1000 wurde die Kirche dann vergrößert und um 1050 zu einer Kreuzkirche umgebaut. Als die Stadt 1292 vom heutigen Altencelle nach Celle verlegt wurde, verfiel die Kirche und wurde erst im 14. Jahrhundert wieder neu aufgebaut. Die heutige Kirche entspricht im Wesentlichen diesem Stand; zwischenzeitliche Erweiterungen wurden wieder rückgebaut. Der **gotische Flügelaltar von 1509** mit der Kreuzigungsszene im Mittelteil und den zwölf Aposteln in den Altarflügeln ist wirklich beeindruckend. Deutlich schlichter, aber nicht weniger kostbar, sind das **Taufbecken** und ein **Kruzifix**, die beide aus dem 13. Jahrhundert stammen. Das Kruzifix war wohl ursprünglich auch für Prozessionen und Wallfahrten gedacht.

Um 12:25 Uhr gehen wir weiter. Die ausgedruckte Textbeschreibung passt nicht so recht zur eindeutigen und deutlichen innerörtlichen Streckenmarkierung, aber wir erreichen so oder so die Allerbrücke, auf der wir den Fluss überqueren. Reiter müssen übrigens auf der Brücke statt des Geh-/Radweges die Straße benutzen.

Allerbrücke

Kurz danach zweigt rechts die Straße nach **Osterloh** ab. Auch hier haben wir einen separaten Geh-/Radweg, auf dem ich Kito eine Zeitlang frei lasse. In Osterloh stimmen Markierungen und Text erneut nur mäßig überein. In beiden Fällen ist offenbar der Text veraltet, während die ausgedruckte Kartenskizze schon aktualisiert wurde. Wir finden eine Pilgerherberge in einer alten Schmiede, deren Infokarte ich mir einstecke. Sie ist auch im Verzeichnis der Pilgerunterkünfte gelistet, wie ich später sehe.

Hinter Osterloh pilgern wir durch die Aller-Niederung. Die Landschaft ist sehr schön, bietet aber für Kito wenig Schatten. Glücklicherweise ist der Himmel jedoch mäßig bewölkt.

Bereits zweimal hatte mir die Kamera gemeldet *„Speicherkarte voll"*. Beide Male hatte ich manuell jeweils ein paar Dutzend alte Fotos von der Karte gelöscht. Als wir dann jedoch neben einem Sportplatz den überdachten Rast- und **Grillpatz Bokelskamp** mit Tischen und Bänken finden, packe ich dort den Laptop aus, überspiele alle heutigen (bereits mehr als 115) Fotos und lösche gut 600 alte Fotos aus dem Winter und Frühjahr 2023. Außerdem schreibe ich meine bisherigen Tageseindrücke sogleich nieder. Kito liegt währenddessen auf seiner Decke links neben mir auf derselben Holzbank und schläft tief und fest. Er genießt diese Pause offenbar und schnarcht vor sich hin. Nur wenn Radfahrer vorbeikommen, ist er immer sofort wach.

Nach einer Dreiviertelstunde Rast ziehen wir um 14:35 Uhr weiter. Heute haben wir keinen Zeitdruck.

Die Getreidefelder stehen hoch und dürften in Kürze erntebereit sein.

Die Beschilderung ist super. Schon seit geraumer Zeit gibt es neben den alten geklebten Markierungen, von denen einige sehr verblasst sind, neue stabile Schilder, die meist auf halbhohen Pfosten fest aufgeschraubt sind, oft gemeinsam mit den Markierungen des Jacobuswegs.

Wir passieren **Bokelskamp**, stoßen danach aus den verkehrsfreien Wegen wieder an eine Landstraße mit Geh-/Radweg und nähern uns der **Klostergemeinde Wienhausen**. Gleich am Ortseingang sehe ich auf der gegenüberliegenden Straßenseite einen PENNY-Markt. Hier kaufe ich frische Getränke, Hundefutter und Kaubonbons sowie Brötchen. Wie sich später zeigt, ist dies auch die letzte Einkaufsgelegenheit für die nächsten und damit auch letzten 1 ½ Tage dieses Pilgersegments.

Am Klosterpark entlang gelangen wir zum **Kloster Wienhausen**, dessen Klosterkirche unverschlossen ist, so dass wir hineingehen und ein paar Minuten verweilen.

Eigentlich ist diese Kirche die romanische Archidiakonatskirche, während die eigentliche westlich daran angebaute gotische Klosterkirche mit dem Nonnenchor im Obergeschoss und dem einstigen Pilgersaal im Erdgeschoss abgetrennt sind. Sie sind vom Kirchenraum aus nicht zugänglich und werden separat genutzt. Im Pilgersaal im Erdgeschoss wurden früher die durchziehenden Pilger einquartiert und verköstigt.

Leider gibt es im Klosterbereich nirgendwo einen Pilgerstempel, und die Tourist-Info Wienhausen hat montags auch nicht geöffnet. Die Gaststätten indessen öffnen erst später. Unsere einzige Chance auf einen Stempel von Wienhausen bietet wieder einmal ein Eiscafé, in diesem Fall das italienische Eiscafé Florenz. Hier ließ sich wieder einmal das Angenehme mit dem Nützlichen verbinden: zwei sehr leckere Kugeln Eis und der Stempel für unsere Pilgerpässe.

Allerdings gibt es draußen vor dem Eiscafé irgendetwas, das Kito sehr irritiert oder sogar ängstigt. Jedenfalls will er weder Eis noch die Waffel kosten oder essen. So stecke ich also das trockene Stück der Eiswaffel in meine Hosentasche. Wir brechen nun rasch auf, gehen die Hauptstraße entlang und passieren dabei einen Schaukasten, in dem der NABU „ganz aktuell" informiert: *Igel erwachen aus ihrem Winterschlaf*. Da Kito sich mit Igeln bestens auskennt, weiß er, dass die Igel schon seit Monaten wieder wach sind. In der Linkskurve vor dem Ortsende biegen wir halbrechts in den Lageweg und gleich nochmals rechts in den Appelweg ein.

Die Wegmarkierungen sind mehr als gut. Teilweise gibt es gleich mehrere Markierungen unterschiedlicher Generationen, die uns den Weg weisen.

Bald durchqueren wir einen schönen Wald. Hier erinnert eine Informationstafel an einer Sitzbank daran, dass im April 1945 während eines Zugaufenthalts unweit dieser Stelle 45 KZ-Häftlinge begraben wurden, die sich auf einem Bahntransport aus dem KZ Mittelbau Dora bei Nordhausen zum KZ Bergen-Belsen befanden und dabei unter unmenschlichen Bedingungen ums Leben gekommen waren. Ein paar hundert Meter weiter informiert eine andere Tafel darüber, dass hier der **historische Verlauf der**

Alten Oker aus dem Harz war, bevor diese bei Meinersen auf einem kürzeren Abschnitt in die Aller umgeleitet wurde, um einen längeren Aller-Abschnitt schiffbar zu machen.

Am Waldende biegen wir nach rechts und gleich wieder nach links ab. Hinter **Neu-Schepelse** ist unsere Textbeschreibung dann unpräzise. Sie verweist auf eine Linksbiegung des Wegs (davon gibt es sogar drei) und eine Kreuzung dahinter, an der wir nach rechts abbiegen sollen. Wir biegen zunächst eine Kreuzung zu früh ab, fragen aber dann einen entgegenkommenden Radfahrer, der seinen Hund ausführt und uns wieder zurückschickt. Die nächste, größere Kreuzung ist dann die richtige. Wir erreichen rasch die Bundesstraße B 214, überqueren sie und befinden uns nun quasi „im Landeanflug" auf **Bröckel**.

Allerdings zieht sich der mehr als 800 Jahre alte Ort ziemlich in die Länge. Was mir dabei gefällt, sind die informativen Angaben über die Historie der meisten, offenbar denkmalgeschützten Häuser. (Diese Informationen sind auch online unter archiv-broeckel.de abrufbar.) Da ich mir statt der richtigen Hausnummer 56 die falsche 57 gemerkt habe, düsen Kito und ich auf der rechten Straßenseite an unserer Pilgerunterkunft vorbei.

Glücklicherweise hat aber **Torsten Laskowski**, unser heutiger Gastgeber, uns gesehen und fängt uns rasch per Fahrrad wieder ein, um uns zurückzubringen. Seine Pilgerunterkunft in seinem mehr als 370 Jahre alten, denkmalgeschützten Bauernhof ist super-toll und wirklich einzigartig! Wir schlafen in einem von Torsten selbst gebauten Schäferwagen. So etwas kennen Kito und ich bislang noch nicht. Aber mein treuer Gefährte kommt auch damit sofort problemlos zurecht.

Nachdem ich in Torstens neuerem Hausteil (von 1738, der ältere Gebäudeteil ist aus dem Jahr 1650) geduscht habe, essen Kito und ich zu Abend. Es gibt Kartoffelpüree mit Cabanossi-Würfeln darin. Das ist ganz offenbar auch nach Kitos Geschmack. Jedenfalls will er wieder einmal ganz viel von meinem Essen abhaben.

Eine Zeitlang sitze ich noch draußen neben dem Wagen unter einem großen Schirm und schreibe meine Tageseindrücke und Erlebnisse nieder, ehe ich dann in den Wagen umziehe und bis fast Mitternacht im Liegen weiterschreibe, meine Fotos von gestern und heute bearbeite und einiges davon online einstelle. Der Schäferwagen hat nämlich WLAN!

Kito liegt da bereits im Tiefschlaf neben mir und schnarcht, was das Zeug hält.

Tageskilometer: 22,4 km

Gesamt-Kilometer: 251,89 km

Erkenntnis des Tages: Schäferwagen sind zwar ein wenig eng, aber urgemütlich. Und Torstens Pilgerherberge ist unbedingt eine Übernachtung wert.

4. JULI 2023
BRÖCKEL NACH WIPSHAUSEN
(Tag 11, Etappen 12/13)

Kito und ich genießen die Übernachtung im Schäferwagen sehr. Es ist wirklich urgemütlich darin, und so kuscheln wir nach dem Aufwachen noch eine ganze Weile, ehe wir gegen 8:20 Uhr endlich aufstehen. Inzwischen ist Torstens Freundin Babs eingetroffen und mit ihr auch Frieda, eine gut einjährige Berner Sennhündin. Kito ist gleich putzmunter und freundet sich augenblicklich mit Frieda an. Die beiden Hunde toben ausgelassen über das große Grundstück. Auch das gemeinsame Frühstück mit Torsten und Babs im einstigen Schankraum (der Hof, den Torsten vor 14 Jahren von der Erstbesitzer-Familie gekauft hat, hatte bis 1991 auch eine Gastronomie) ist toll und unser Gespräch sehr kurzweilig.

Danach packen wir in Ruhe und brechen gegen 11 Uhr auf. (Wie ich später im Web lesen werde, ist dies die übliche Aufbruchszeit der meisten Pilger hier.)

Die heutige Strecke ist sehr gut markiert und daher sehr einfach zu finden. Sie führt weitgehend durch offene Feld- und Wiesen-Landschaft mit zahlreichen modernen Windrädern. Dabei wechselt der Weguntergrund immer wieder zwischen Asphalt, Split, Verbundmaterial und unbefestigtem Feldweg. Kito gefällt dieser Abschnitt sehr, auch weil wir ihn weit abseits von Straßen, Verkehr und anderen Wegemitbenutzern ganz für uns haben.

Nebenbei zeichnet sich der Vier-Pfoten-Pilger auch noch als „zertifizierter Picknickplatz-Suchhund" aus, indem er einen tollen Grill- und Rastplatz findet. Natürlich müssen wir dort eine Trinkpause für ihn einlegen. Aber für einen längeren Aufenthalt (wie gestern beim Grillplatz Bokelskamp) reicht es noch nicht. Dafür sind wir erst zu kurz unterwegs.

Als wir in Richtung Abbele weiterpilgern, frischt plötzlich der Wind auf und ziehen dunkle, teils schwarze Wolken herbei. Glücklicherweise ziehen die schwarzen Wolken aber sehr rasch über uns hinweg. So bleibt es bei nur wenigen Regentropfen. Ich muss also gar nicht erst zum Regenponcho greifen. Puh, Pilgerglück!

Zwischen **Abbele** und **Benrode** bleibt die Strecke noch so abgelegen und ruhig. Ab Benrode ist dann für Kito „Schluss mit lustig", muss der Vier-Pfoten-Pilger dann fast durchgehend aus Sicherheitsgründen an der Leine bleiben. Nahe der **Eltzer Mühle** überquert unsere Landstraße einen Bach. Er ist quasi „ein alter Bekannter", nämlich die Fuhse, die uns auch im Zentrum Celles ein wenig begleitet hatte, bevor sie dort in die Aller mündete.

Eltze, unser nächster Etappenort, war ursprünglich unser für gestern geplantes Tagesziel. Als ich dort im Pilgerbüro per Mail und telefonisch angefragt hatte, ob wir im Gemeindehaus übernachten dürften, hieß es zunächst, der Pastor sei zu einer Fortbildung und die Sekretärin müsse sich das Okay des Kirchenvorstands holen. Zwei Tage vor unserem Start in dieses Pilgersegment kam dann die Mail mit der Absage *„wegen eines Wasserschadens"*…

An der Kreuzung in Eltze biegen wir vom Pilgerweg in Richtung Kirche ab. Der Ort wirkt jetzt – gegen 14 Uhr – völlig tot: Fleischerei und Bäcker sind dicht (wobei nicht erkennbar ist, ob sie Mittagspause oder Feierabend haben oder dauerhaft zu sind). „Ammes Saal" ist auf jeden Fall dauerhaft geschlossen, und zwar – wie ich später im Web recherchiere – bereits mindestens seit 2016. Dort befand sich zuletzt das Restaurant Thassos. 2018 gab es Planungen, hier auf genossenschaftlicher Basis einen Dorfladen mit Café zu etablieren, die dann jedoch aus finanz- und haftungsrechtlichen Gründen Anfang 2019 wieder aufgegeben wurden. Auch die Kirche und das Gemeindehaus (?) daneben sind verschlossen. Da wundert es mich kaum, dass selbst der Friedhof dicht ist und – schon seit 2005 – nicht mehr belegt wird, sondern die Bestattungen seither auf dem Friedhof Uetze nahe der Ortschaft Ohof stattfinden. Einzig der Friseur in der Plockhorster Straße, an dem wir vorbei gehen, scheint zu arbeiten. Wir verzichten jedoch darauf, ihn nach einem Stempel zu fragen.

Hinter Eltze reißt die Wolkendecke immer mehr auf und kommt die Sonne wieder zum Vorschein. Das bedeutet zugleich kaum Schatten für Kito, der heute wieder einmal seine gesamte Wasserflasche leertrinkt.

Nach einem Landstraßenabschnitt ohne Geh-/Radweg gibt es diesen dann aber kurz vor der Ortsumgehung Plockhorst wieder. Da es in **Plockhorst** außer einer Kapelle nichts zu sehen gibt, lassen wir den Ort rechts liegen und nehmen direkt Kurs auf **Eickenrode**.

Das **Gasthaus Pröve** hat noch geschlossen, so dass wir auch hier keinen Stempel ergattern können. Hier hatte ich im Vorfeld auch einmal wegen Übernachtung angefragt. Hunde werden dort akzeptiert, aber es gab keine zu meiner Anfrage passende Vakanz.

Wir nutzten die Bank schräg gegenüber dem Gasthaus für eine weitere kurze Trink- und Ruhepause und folgen dann weiter dem **Alten Postweg**.

Irgendwo soll der Lehmkuhlenweg nach links abgehen. Wir fragen eine alte Frau, die uns entgegenkommt und die sichtlich überfordert ist. Sie will uns zurückschicken. Eine junge Anwohnerin, die wenige Meter weiter gerade ihr Auto belädt, ist da besser im Bilde und erklärt uns, der Lehmkuhlenweg sei die nächste Straße links. Das ist auch richtig. Ein Straßenschild gibt es allerdings nicht. Erst am Haus Nr. 7 und an einer Kfz-Werkstatt kann ich erkennen, dass wir in der richtigen Straße sind.

Bald haben wir Eickenrode hinter uns gelassen. Die kleine Landstraße nach Rietze ist sehr verkehrsarm, so dass ich Kito endlich wieder ohne Leine laufen lassen kann. Das mag er natürlich.

Picknickplatz am Ortseingang Rietze

Rietze ist ähnlich strukturschwach wie die Orte zuvor. Hier gibt es zwar einen Picknickplatz kurz vor dem Ort und zwei weitere innerhalb des Dorfs, aber sonst weder Bäcker noch Laden zu stempeln. Wir könnten, wie mir ein Anwohner erzählt, allenfalls bei einem Amateurfunker oder der Physiotherapeutin – am Nordende des Dorfes, abseits unserer Strecke, gibt es zudem ein Seniorenheim – versuchen, einen Stempel zu bekommen. Aber diesen Zeitaufwand mag ich nicht mehr treiben.

Zu allem Überfluss gibt hier auch noch der Kamera-Akku seinen Geist auf, den ich während der letzten beiden Übernachtungen vergessen hatte aufzuladen. Immerhin hatte seine Ladung für genau 500 Fotos gereicht.

Kito und ich setzen – nun ohne Fotopausen – „zum Endspurt" an. Ein selbst bemalter Wegweiser am südlichen Ortsrand zeigt uns an: „**Wipshausen 2,3 km**". Das erscheint mir deutlich zu optimistisch. Tatsächlich sind es gut vier Kilometer, davon die erste Hälfte erneut Landstraße ohne Geh-/Radweg.

Wipshausen zieht sich ganz schön in die Länge. Kito merkt, dass es bis zu unserem Tagesziel nicht mehr weit ist, und forciert seinerseits unser Tempo.

Endlich haben wir den Bäcker erreicht, sehen aber Christine nicht. Ich kaufe ein Körnerbrötchen und drei Quarkbällchen und frage nach einem Stempel. „Negativ". So etwas haben sie hier nicht. Immerhin sind die Quarkbällchen, die ich mir sofort mit Kito teile, sehr lecker.

Kurz nach 17:30 Uhr haben wir dann endlich die Kirche erreicht und sehen Christines Auto dort stehen. Kito freut sich ganz doll, sein Frauchen wiederzusehen, und hüpft immer wieder an ihr hoch.

Die Kirchenbesichtigung und Frage nach einem Pilgerstempel von hier müssen wir vertagen. Die Kirche wurde vor rund 20 Minuten von einer Frau abgeschlossen.

Christine hatte gestern und heute eine berufliche Veranstaltung in Soltau und hat sich daher angeboten, uns die umständliche Heimfahrt mit dem ÖPNV zu ersparen und uns stattdessen hier abzuholen. Dieses Angebot hatte ich liebend gern angenommen.

Ich packe unser Gepäck in den Kofferraum, und schon geht es los in Richtung Heimat.

Kito liegt fast die gesamte Zeit über auf meinen Beinen und kuschelt sich an mich, als habe er in den letzten fünf Tagen zu wenig Zuwendung abbekommen. Das aber entspricht ganz sicherlich nicht der Realität.

Um 20:15 Uhr sind wir wieder zu Hause. Fünf sehr kurzweilige und teils abenteuerliche Pilgertage auf der VIA ROMEA liegen hinter uns. Wir sind dankbar für unserer Erlebnisse, die wir nun erst einmal in Ruhe sacken lassen und verarbeiten müssen.

Tageskilometer: 22,3 km – Gesamt-Kilometer: 274,19 km

Erkenntnis des Tages: Strukturschwäche entlang alter Pilgerwege ist kein Privileg Brandenburgs oder Dithmarschens. Unsere derzeitige Route durch die Südheide kann hier problemlos mithalten.

JAHRENSENDSPURT 2023 & DIVERSE UMPLANUNGEN

Mein „Saisonziel" Harz – entweder Wernigerode am Nordrand oder Nordhausen im Südharz – ist fast in Reichweite. Allerdings machen diverse berufliche, sportliche, gesundheitliche und private Ereignisse immer wieder Umplanungen notwendig.

Schließlich wollen wir den Abschnitt von Wipshausen nach Nordhausen vom Freitag, dem 4. August, bis zum Freitag, dem 11. August, gehen. Mit den meisten Kirchengemeinden bis zum Nordharz habe ich auch rasch die Übernachtungen abgesprochen.

Als dann jedoch Christine für unsere vierwöchige Pilgertour im Herbst von Trier bis Vézelay neue Ausrüstungsideen einbringt, die wir zumindest kurz testen sollten, bevor wir sie für gleich vier Wochen übernehmen, beschließen wir, dass ich zunächst nur am 4. bis 8. August bis Wernigerode pilgere und wir dann am 11. bis 14. August zu dritt von dort weiter nach Nordhausen gehen.

Da Christine aber in den ersten Augusttagen mit einem knackigen Virusinfekt durchhängt, erwäge ich sogar, unseren Pilgerblock vom 4. Bis 8. August ganz ausfallen zu lassen und bei ihr in Hamburg zu bleiben. Aber das will sie nicht…

4. AUGUST 2023
WIPSHAUSEN NACH BRAUNSCHWEIG
(Tag 12, Etappe 13)

Für unser viertes Pilgersegment auf der VIA ROMEA habe ich geplant, bis Peine mit dem Auto anzureisen und von dort per Bus weiter nach Wipshausen zu fahren. Dafür kommen Busse ab Peine um 11:41, 12:45 bzw. 13:41 Uhr in Frage, die um 12:09, 12:35 bzw. 14:09 Uhr an der Haltestelle Rathausring Wipshausen ankommen. Die mittlere Busverbindung ist mit Umsteigen in Edemissen.

Da ich noch meine neulich kaputtgegangene Bauchgurtschnalle meines Rucksacks nicht ersetzt habe und Globetrotter in Hamburg erst um 10 Uhr öffnet, kann ich meinen Rucksack morgens in Ruhe packen. Um 9:40 Uhr brechen Kito und ich mit meinem Auto auf. Um 10:02 Uhr rollen wir bei Globetrotter auf den Parkplatz. Der Einkauf neuer Bauchgurtschnallen kostet mich dort geschlagene 20 Minuten! Jetzt prognostiziert mein Navi für unsere Ankunft in Peine 12:15 Uhr.

Zwei nervige Staus auf der A 7 zwischen Hamburg und Hannover kosten uns weitere Zeit, so dass wir um 12:32 Uhr den Parkplatz Schützenplatz Nord erreichen. Obgleich Kito auf dem Weg vom Auto zur Bushaltestelle noch seine sämtlichen Geschäfte erledigt, reicht die Zeit, um den Bus der Linie 500 nach Edemissen zu kriegen. Dort haben wir von 12:03 bis 12:09 Uhr Aufenthalt. Der Kleinbus der Linie 508 ist super-pünktlich. Der Fahrer fährt einen „heißen Reifen", so dass wir sogar sechs Minuten vor dem Fahrplan in **Wipshausen** ankommen.

Nachdem ich die neue Bauchgurtschnalle des Rucksacks montiert habe, brechen Kito und ich in Richtung **St. Sebastian Kirche** auf. Stempeloptionen gibt es unterwegs keine. Sowohl der Blumenladen als auch die Bäckerei und die Zweiradwerkstatt sind geschlossen. Die Kirche dagegen ist geöffnet. Kito will genauso entschieden hinein wie ich. Die Kirche ist kühl, hübsch und ein echter Platz zum Wohlfühlen. Ich trage uns in das Gästebuch ein. Da ich keinen Pilgerstempel gefunden habe, gehen wir zum Pfarrhaus und klingeln dort. Pfarrer Torsten Lange öffnet uns. Er geht mit uns zur Kirche und holt dort den Pilgerstempel, der eigentlich beim Gästebuch hätte ausliegen sollen, aus der Sakristei.

Nach einem kurzen Picknick hinter der Kirche sind Kito und ich dann endlich um 14:10 Uhr unterwegs. Bis zum Ortsende sind es nur noch wenige hundert Meter. Dann ist der schnurgerade Weg völlig verkehrsfrei. Zu beiden Seiten sehen wir Badeteiche.

Wir passieren den einstigen Bahnhof Wense, queren die Landstraße zwischen Wense und Ersehof und folgen der nun wieder asphaltierten und auch befahrenen Landstraße geradeaus nach **Harvesse**.

Gegenüber der hübschen, kleinen **Martin Luther Kirche** ist ein einladender Picknickplatz, an dem wir unsere zweite Rast einlegen. Im Haus neben der „Kinder-, Jugend- und Freiwilligen Feuerwehr Harvesse" haben sowohl die CDU als auch die SPD ihre Büros. Letztere wirbt damit, dass man mit dem Deutschlandticket sogar bis nach Brasilien reisen kann. Das überrascht mich nicht, da ich den besagten Ort an der Ostsee kenne.

Am Ortsende Harvesses biegen wir nach rechts in die Wendenburger Straße, unterqueren die Autobahn A 2 und erreichen **Wendenburg**. Als ich hier ein besonders schönes Fachwerkhaus mit einem prächtigen Blumengarten fotografieren, kommt der Hausbesitzer auf uns zu und lädt uns ein, auch die Jakobsmuschel in seinem Garten zu fotografieren.

Dieser Hausbesitzer in Wendenburg lädt mich ausdrücklich zum Fotografieren ein.

97

Er stammt hier aus diesem Ort, fuhr später zur See und kam anschließend wieder in seinen Heimatort zurück. Jetzt ist er 85 Jahre alt und allein. Seine Familie ist nach und nach „weggestorben". Tatsächlich ist er gerade dabei, sich andere Schuhe anzuziehen, weil er die Familie auf dem Friedhof „besuchen" will und die Wege dort ziemlich aufgeweicht sind. Sein Haus hat er gerade verkauft. Er zieht nun ins betreute Wohnen.

Im EDEKA-Markt, der kurz danach an der linken Seite unseres Wegs liegt, kaufe ich schnell ein paar Getränke, Schokoriegel, Calcium-Brausetabletten (mein gestriger Laborbefund zeigte als einzig auffälligen Befund ein grenzwertig niedriges Calcium-Niveau) und eine 5-Minuten-Terrine Kartoffelpüree.

Noch innerhalb des Orts, jetzt aber wohl im Ortsteil Wendezelle, gibt es plötzlich direkt neben uns einen lauten Knall wie einen Kanonenschuss. Die Frau neben uns ist genauso erschrocken wie Kito und ich. Der kleine Hund sucht sofort meinen Schutz: Er steht auf den Hinterpfoten zwischen meinen Beinen, hat die Vorderpfoten auf meinen Armen und ist kaum zu beruhigen. Sein Herz hämmert wie wild. Als er sich ein wenig beruhigt hat und ich ihn nach ein paar Minuten wieder loslasse, will er nur eins: weg wie NIX von diesem Ort des Schreckens.

Die Landstraße L 475 hat außerhalb des Orts einen Geh-/Radweg, so dass uns der motorisierte Verkehr wenig stört. Allerdings sind hier sehr viele Radfahrer unterwegs. Der Weg bzw. die Straße steigt leicht an und bietet eine hübsche Aussicht auf Felder und Wiesen. Viele große Königskerzen blühen direkt am Wegesrand.

Wir erreichen und überqueren den **Mittellandkanal**. Unter uns fährt gerade ein Binnenschiff.

Bortfeld, unser nächster Ort, hinterlässt keine Eindrücke bei uns. Wir lassen ihn schnell hinter uns, was vor allem Kito freut, denn ab Ortsende kann er wieder frei herumlaufen. Der Weg zieht sich ein wenig. Meine Hochrechnung ergibt inzwischen eine Ankunftszeit deutlich nach 19 Uhr statt der 18-19 Uhr, die ich erwartet hatte.

Am linken Wegrand begleiten uns nun die Zäune des Thünen-Instituts, Bundesforschungsanstalt für Landwirtschaft. Als wir kurz vor dem Braunschweiger Stadtrand wieder eine gut frequentierte Straße erreichen, muss

Kito wieder an die Leine. Das scheint ihn nicht zu stören, vielmehr sieht er so aus, als fühle er sich selbst auch sicherer mit Leine.

Die Straße heißt übrigens Bundesallee. Sie führt uns zum Ortsteil **Kanz-lerfelde**, wo sich der Hauptzugang zum **Thünen-Institut** befindet, und biegt dann nach rechts ab. Wir folgen ihr.

Im Ortsteil **Lehndorf** biegen wir am Saarplatz halbrechts von der VIA ROMEA in die Sülzbacher Straße ab. Von hier aus sind es nur noch 900 Meter bis zu unserer Pilgerherberge, die eigentlich für Jakobswegpilger vorgesehen ist, aber natürlich auch reichlich von Rompilgern genutzt werden darf. Um 19:20 Uhr haben wir unser Tagesziel – die **Kreuzkirche in Alt-Lehndorf** – erreicht. Ich rufe rasch den hiesigen **Pilgerbetreuer Hans-Dieter Brinkmann** an, der auch nach wenigen Minuten eintrifft und uns die „Pfarrscheune" neben dem Pfarrhaus aufschließt.

Im Obergeschoss der Pfarrscheune ist eine tolle Pilgerherberge mit Bad (WC, Dusche), einem Aufenthaltsraum mit Tischen und Stühlen sowie einem großen Hauptraum mit einem Einzelbett, einem dicken, aufgeblasenen Doppelbett, einer Küchenecke, Tischkicker und diversen Spielen. Den Tischkicker können wir leider nicht nutzen. Kito kommt damit einfach nicht zurecht… 😊

Dieter schließt mir auch noch die gegenüberliegende Kreuzkirche auf, wo ich unsere Pilgerpässe stempeln kann, und erklärt mir ausführlich die Geschichte dieser Kirche.

Sie wurde um 1245 erbaut, war aber im 19. Jahrhundert so baufällig, dass 1880 die komplette Ostwand „einfach so" in den Friedhof fiel. Erst ab 1906 wurde sie wieder aufgebaut, jetzt auch mit Seitenflügeln. Ihren heutigen Namen erhielt sie erst 1945, aber nicht wegen ihres kreuzförmigen Grundrisses, sondern weil sie historisch zum Kreuzkloster gehört hatte.

Kito und ich unternehmen heute Abend NIX mehr. Der Vier-Pfoten-Pilger hat Durst, Hunger und ganz viel Schlafbedürfnis.

Der Durst ist rasch gestillt. Gegen den Hunger ist reichlich Trockenfutter da, aber so etwas isst der Pinsch-Prinz nur, wenn es gar nichts anderes gibt. Also teile ich das Kartoffelpüree, in das ich Würstchenscheiben untergerührt habe, und einen Schokoriegel mit ihm.

Danach liegt er, während ich meine Tagesnotizen schreibe, auf dem Stuhl neben mir und schläft tief und fest.

Gegen 23:30 Uhr gehen wir noch mal kurz raus, ehe ich dusche und wir gegen Mitternacht zu Bett gehen.

Tageskilometer: 19,6 km

Gesamt-Kilometer: 293,79 km

Erkenntnis des Tages: Nach der etwas holprigen Anreise fühlt es sich super-gut an, wieder auf der VIA ROMEA zu sein.

Kito während einer Nachmittagsrast

5. AUGUST 2023
BRAUNSCHWEIG NACH
WOLFENBÜTTEL (Tag 13, Etappe 14)

Kito und ich genießen die Übernachtung in der Alt-Lehndorfer Pilgerherberge. Unser Klappbett ist recht bequem, und so kuscheln wir erst noch ein wenig, bevor wir kurz nach halb neun aufstehen. Gegen neun Uhr machen wir Kitos morgendlichen Rundgang und entdecken dabei, dass wir hier auf dem Braunschweiger Jakobsweg sind.

Kreuzkirche Alt-Lehndorf

Alt-Lehndorf ist ein hübsches ehemaliges Dorf mit einer langen Geschichte. Es gehörte einst zur Braunschweiger Landwehr. Auch heute hat seinen fast dörflichen Charakter weiterhin erhalten.

Nach unserem Frühstück zieht Kito sich auf einen Sonnenplatz zurück, während ich noch ein paar Notizen mache und meine zu Hause ausgedruckten Etappeninformationen bereitlege.

Kito ist wieder einmal zu süß (und weiß dies auch auszuspielen). Vor allem aber ist er in dieser zwar fremden, aber ihm schnell vertrauten Umgebung immer sehr auf mich fokussiert. Und so steht gegenseitige Fürsorge wieder einmal an aller erster Stelle. Ich mag und genieße dies. Fürsorge und Zuwendung sind unbezahlbar und wertvoll.

Es ist nicht so, dass wir absichtlich bummeln. Wir hetzen halt nur nicht, und so ist es schon wieder 10:20 Uhr, als wir endlich aufbrechen. Die Sonne scheint vom nur leicht bis mäßig bewölkten Himmel, und das Thermometer zeigt bereits gut 20 °C. Über Mittag werden es maximal 24 °C werden. Da wir immer wieder auch schattige Wegabschnitte haben, ist dies ein wirklich gutes Pilgerwetter.

Wir gehen die Große Straße in Richtung Zentrum, unterqueren die Autobahn A 39, nehmen die erste Straße links und sind nach zwölf Minuten wieder auf dem Verlauf der VIA ROMEA. Letztere können wir indessen fast den gesamten Tag über nur ahnen: Die erste Wegmarkierung begegnet uns erst in der Wohnbebauung Wolfenbüttels, rund 2,6 Kilometer vor unserem Tagesziel. Bis dahin müssen wir uns anhand der ausgedruckten Wegbeschreibung und der Kartenausschnitte orientieren, was zumeist aber auch gut gelingt.

Auf dem Weg ins Braunschweiger Zentrum passieren wir einen LIDL-Supermarkt. Ich erwäge kurz, jetzt schon unsere Vorräte für heute und den morgigen Sonntag einzukaufen, verwerfe diese Idee jedoch, um die Sachen nicht den ganzen Tag im Rucksack mitschleppen zu müssen. Es wird sicherlich unterwegs noch weitere Einkaufsgelegenheiten geben…

Wir folgen meist den Radwegweisern auf „Zentrum", „Dom" oder „Schloss" und kommen so ganz gut zurecht.

Die **Kirche St. Ulrici-Brüdern**, die wir als nächstes erreichen, ist als Pilgerkirche (des Braunschweiger Jakobswegs) ausgewiesen. Wir betreten sie, werden aber gleich am Informationsstand am Eingang darauf hingewiesen, dass Hunde hier nicht zugelassen sind. Bis zum fest auf einem Holzblock montierten Pilgerstempel und Stempelkissen darf er aber mitkommen. Ich befestige seine Leine an einem Handlauf, so dass er, während ich stemple, keinen unbeaufsichtigten Unsinn anstellen kann. Aber er ist lieb und ruhig, bis dann einer der Kirchenmitarbeiter direkt auf ihn zukommt und ihn anspricht. Ich erkläre dem Mann, der sofort sieht, dass

Kito vor allem mich, der ich ja abgelenkt war, beschützt hat, warum Kito so reagiert. Beide – der Mann sowie seine Kollegin am Info-Stand – haben dafür Verständnis, und so haben wir ein nettes, entspanntes Gespräch, bei dem auch Kito wieder ganz entspannt.

Beim Weitergehen finden wir die erste von später vielen Informationstafeln zur Braunschweiger Innenstadt mit Kartenausschnitt und Markierung der wichtigsten Sehenswürdigkeiten, der Tourist-Information u.a.

Wir gehen zum **Domplatz** mit der **Burg** und dem **Braunschweiger Löwen**. Auch in den **Dom** darf Kito nicht mit hinein. Ich muss ihn in diesem Fall draußen anbinden. So lasse ich nur kurz unsere Pilgerpässe stempeln, mache ein paar Fotos (mehr wäre wegen eines gleich um 12 Uhr beginnenden Gottesdienstes eh nicht möglich gewesen) und bin rasch wieder draußen bei meinem vierbeinigen Gefährten. Mein Timing passt gut, denn kaum bin ich mit Kito wieder unterwegs, dröhnen über uns die Glocken des Doms, die zum Gottesdienst rufen.

Ich entdecke das Ladengeschäft des Briefmarken- und Münzhandels Borek, bei dem ich vor rund 20-30 Jahren diverse Abonnements laufen hatte. Auch unser Besuch in der Tourist-Information gut 100 Meter weiter ist sehr kurz: Kaum haben wir uns am Ende der Warteschlange eingereiht, macht mich ein Mitarbeiter leicht unfreundlich darauf aufmerksam, dass Hunde hier nicht zugelassen sind. Als ich mit meiner Antwort zögere, wiederholt er das Verbot auf Englisch. Ich frage – an der Warteschlange vor mir vorbei – nach einem Stadtplan und nach dem Verlauf der VIA ROMEA. Letztere kennt er nicht, aber den Stadtplan bekomme ich sofort.

Draußen findet Kito für uns eine ruhige Sitzbank, auf der wir uns niederlassen und ich die Wegbeschreibung mit dem Stadtplan abgleiche. Zwischendurch ruft einer meiner „altgedienten" Patienten an, der eilig ein Attest benötigt. Mal sehen, ob und wie ich dies von unterwegs hinbekomme…

Bis zur Münzstraße sind es nur wenige Schritte. Wir gehen sie in Richtung Süden bis zu ihrem Ende, ebenso die Leopoldstraße und die Nimes Straße. Im **Bürgerpark** lasse ich Kito wieder von der Leine. Ab hier ist er – mit Ausnahme weniger Minuten – bis zu unserer Ankunft im Gemeindehaus in Wolfenbüttel frei.

Im Bürgerpark meldet meine Kamera dann plötzlich „Card Full". Nachdem wir die Oker überquert haben, bestelle ich bei Kito wieder eine ruhige Parkbank, die er auch umgehend „liefert". Ich packe meinen Laptop aus und lösche diesmal gleich 1.100 alte Fotos aus dem Frühjahr 2023.

Festgemachte Kanus im Bürgerpark

Da ich voll und ganz auf diese Tätigkeit fokussiert bin, bekomme ich nicht mit, dass sich mir zwei große Hunde – einer davon im Dobermann-Format – nähern. Ich glaube zwar nicht, dass sie mir etwas getan hätten, aber in solchen Situationen wird Kito richtig böse und vertreibt die beiden großen Hunde konsequent und sehr erfolgreich. Deren Frauchen kann dabei nur staunend zusehen.

Wir pilgern weiter gen Süden über den Werkstättenweg und die Eisenbütteler Straße. Kurz vor dem **Kennelsee** steht am linken Wegrand ein Eiswagen. Da müssen wir uns ja schnell mal eine Waffel mit zwei Kugeln – Orange und Haselnuss, beide mag Kito – kaufen. Direkt neben dem See gibt es eine geeignete Parkbank, auf der wir uns während des Eisverzehrs niederlassen. Dabei kommen wir mit einem Angler in ein nettes Gespräch.

Das nur rund 200 Meter vom Pilgerweg entfernte **Schloss Richmond** ist mir den kleinen Abstecher wert. Das Schloss wurde von 1768 bis 1769 für die aus England stammende Prinzessin und spätere **Herzogin Augusta**, die Ehefrau **Herzogs Karl Wilhelm Ferdinand**s, errichtet. Baumeister war Carl Christoph Fleischer. Es liegt malerisch auf einer Anhöhe und wird gerade von einer Hochzeitsgesellschaft „belagert". Kito zieht natürlich wieder einmal mit seinem natürlichen Charme die Blicke einiger weiblicher Hochzeitsgäste auf sich.

Schloss Richmond

Wir passieren den **Spielmannsteich** mit einem hübschen im Blickfeld des Schlosses aufgestellten **Säulentempel** auf dem gegenüberliegenden Ufer, unterqueren die Autobahn A 39 und erreichen den **Südsee**.

Ich habe den vagen Verdacht, hier einst beim Braunschweig Marathon bereits gewesen zu sein. Auf jeden Fall ist der Südsee die Haupt-Trainingsstrecke eines Kollegen und Freundes, Hämatologe und Professor für Zellbiologie an der hiesigen Universität. Von „Schneggi", so die Kurzform seines Spitznamens „Powerschnecke" (nach seinem Laufstil), habe ich allerdings schon lange nichts mehr gehört.

Kito ist heute nicht nur – wie immer – hungrig, sondern auch ziemlich durstig, und so gönnen wir uns die eine oder andere Pause auf einer der zahlreich vorhandenen Bänke an unserer heutigen Strecke.

Am Südende des Sees, kurz vor **Rüningen**, vermisse ich einmal mehr die heute nicht existente Pilgerwegmarkierung der VIA ROMEA. Mein Gefühl sagt mir an einer Weggabelung, dem linken, als Radweg beschilderten Weg zu folgen. Da sich uns gerade aus dem anderen Weg von rechts eine Marschiererin nähert, frage ich sie einfach. Die VIA ROMEA sagt ihr gar nicht, aber mit meiner gedruckten Wegbeschreibung kann sie etwas anfangen: Es ist wirklich der vermutete linke Weg, den sie selbst auch einschlägt. Sie erzählt, dass sie erst seit gut einem halben Jahr in Rüningen wohnt und der Liebe zu ihrem neuen Freund wegen aus Salzgitter-Bad hierhergezogen ist. Der 24-Stunden-Lauf von Rüningen, an dem ich vor einigen Jahren teilgenommen habe und den es bereits vor der Pandemie nicht mehr gab, sagt ihr also nichts.

Am Rüninger Weg, keine 300 Meter entfernt von der Rüninger 24-Stunden-Lauf-Strecke (!), trennen sich unsere Wege wieder: Sie überquert die Bahnlinie und läuft gen Westen nach Rüningen, während wir noch vor dem Bahnübergang weiter nach Süden pilgern.

Pilgerwegmarkierungen sind weiterhin Fehlanzeige. So finde ich den Abzweig über das Oker-Wehr nur dank der Textbeschreibung.

Dafür verfranzen wir uns wenig später in **Stöckheim**, wo wir den Weg entlang der **Oker** an einer – natürlich unmarkierten – Weggabelung etwas zu früh nach links verlassen. Anstatt nun geradeaus weiterzugehen und wieder auf dem richtigen Weg zu sein, verstehe ich aber nun den Text falsch und biege ein weiteres Mal nach links ab. Dadurch überqueren wir die Autobahn A 36 an der B 76, anstatt sie etwas westlicher zu unterqueren. Das kann ich anhand der Kartenskizze dann aber zuordnen bzw. nachvollziehen und korrigieren, indem wir am Anfang des Waldes Lechtumer Holz nach rechts abbiegen und so – rund 4,6 Kilometer vor dem Tagesziel – wieder auf den Pilgerweg zurückfinden.

Dies hat gleich drei Vorteile: Erstens sehe ich um 15:32 Uhr erstmals auf dieser Pilgertour den **Brockengipfel** vor uns. Zweitens findet Kito wieder einmal einen super-schönen und zudem schattigen Picknickplatz für unsere nächste Rast – er ist nämlich wieder einmal sehr durstig. Und drittens entdecken wir eine höchst interessante Informationstafel, dass sich hier in diesem Wald einst die **zentrale Hinrichtungsstätte des Fürstentums Braunschweig** befand.

Der Weg, auf dem wir gehen, ist eine alte **Heerstraße** und heißt folgerichtig „Alter Weg". Diesen Namen behält er auch innerhalb des Wolfenbütteler Stadtgebiets, in dem die VIA ROMEA eine Zeitlang plötzlich markiert ist, und zwar richtig gut.

Und so finden wir unseren Weg in Zentrum Wolfenbüttels problemlos und sind um kurz vor 17 Uhr auf dem dortigen **Stadtmarkt**, dem heutigen Etappenziel.

Wolfenbüttel, Stadtmarkt

Wir bummeln noch ein wenig weiter bis zum imposanten barocken **Welfenschloss**, wobei Kito die ganze Zeit über nach wie vor frei neben mir pilgert. Am Schlossplatz spricht ihn – trotz meiner Warnung – eine junge Frau an. Sie hockt sich hin, hält ihm ihre Hand mit dem Handrücken auf seiner Seite entgegen, und tatsächlich geht Kito zweimal kurz zu ihrer Hand hin, beschnuppert sie, ohne zu knurren oder zu schnappen. Damit ist die Frau mehr als zufrieden. Kito und ich ebenfalls.

Wolfenbüttel, Konzert in der Hauptkirche Beatae Mariae Virginis

Ich rufe die Küsterin, Frau Droste, an, um zu erfahren, bei welchem der beiden Gemeindehäuser wir uns einfinden sollen. Es ist das der **Hauptkirche Beatae Mariae Virginis** nahe des Kornmarkts. Dort treffen wir gegen 17:40 Uhr ein. Frau Droste weist uns ins Gemeindehaus ein, wo wir uns einen der drei großen Räume aussuchen. Küche und Bad sind vorhanden, allerdings diesmal keine Dusche. Dafür ist der WLAN-Anschluss in unserem Raum…

Wir gehen mit Frau Droste hinüber zur Kirche und erhalten dort von ihr unsere Pilgerstempel. Wenige Minuten später, um 18 Uhr, beginnt hier in der Kirche ein Cembalokonzert mit Barockmusik. Kito und ich setzen uns in eine der letzten Bänke und lauschen der Musik, die uns beiden gefällt. Kito entspannt so sehr, dass er irgendwann leise neben mir zu schnarchen beginnt. Nach rund 40 Minuten brechen wir wieder auf. Wir machen noch einmal einen kleinen Stadtbummel, kaufen bei REWE unseren Lebensmittelvorrat für die nächsten 1-2 Tage und auf dem Rückweg zur Unterkunft noch eine Döner-Box. Das Abendessen ist also gesichert.

Anschließend hält Kito ausgiebig Siesta, während ich meine Erlebnisse niederschreibe und im Web meine Mails und facebook-Eingänge sowie die

Nachrichten sichte. Auch das Attest für meinen Patienten kann ich erstellen und versenden.

Die Wetterprognose für morgen verspricht Starkregen am frühen Nachmittag (13-15 Uhr). Vielleicht sollten wir da eine längere Pause einlegen. Starkregen haben wir auch heute Abend. Daher findet Kitos Abendrunde erst gegen 23:30 Uhr statt, als der Regen kurz pausiert. Sie ist wieder einmal überschaubar kurz. Danach liegt er erneut im Tiefschlaf auf dem Stuhl neben mir. Um kurz nach Mitternacht ist Feierabend und Nachtruhe.

Tageskilometer: 20,6 km

Gesamt-Kilometer: 314,39 km

Erkenntnisse des Tages: 1.) Mit Kito als Beschützer kann mir nichts passieren. Er verteidigt mich mutig auch gegen mehr als doppelt so große Hunde, wenn er der Meinung ist, dass ich gerade ungeschützt und wehrlos bin.

2.) Es gibt immer wieder Rückerinnerungen an die eigene Vergangenheit, diesmal an den 24-Stunden-Lauf in Rüningen, an dessen Strecke wir fast in Sichtweite vorbeikommen.

3.) Wolfenbüttel ist beeindruckend schön. Und Kito und ich können hier ein Cembalokonzert mit Barockmusik genießen.

6. AUGUST 2023
WOLFENBÜTTEL NACH HORNBURG
(Tag 14, Etappe 15)

Mit 15 °C ist es heute Morgen angenehm kühl, als wir endlich starten.

Aufgestanden sind wir um Viertel nach acht, als mein Handywecker zum zweiten Mal Alarm gab. Danach gibt es eine kurze Morgenrunde für Kito und anschließend das Frühstück für uns beide.

Ich genieße meine drei Becher Kaffee, zu dem wir beide uns zwei Teewurst-Brötchen teilen. Sein Trockenfutter ignoriert Kito völlig. Das will er erst nachher auf der Strecke, nachdem es genügend lange in meiner linken Hosentasche gelagert war. Dann aber fordert er es – in vollem Pilgerschritt – Stück für Stück aus meiner Hand ab.

Das Packen dauert heute fast 30 Minuten. Diesmal muss ich dabei aber auch die Isomatte wieder verpacken. Um 10:20 Uhr sind wir endlich unterwegs.

Den Weg zur **St. Trinitatis Kirche** kennen wir bereits von gestern Abend. Sie ist offen, aber wegen eines Gottesdienstes leider nicht zu besichtigen. Dahinter ist die Wegbeschreibung aus meiner Sicht nicht wirklich eindeutig bzw. nicht wirklich selbsterklärend. Ich muss mehrmals fragen, bis wir ganz sicher auf dem richtigen Weg sind.

Lange Zeit haben wir die Oker zu unserer Rechten. Kito interessiert sich weniger für die Oker, sondern wieder einmal für die zahlreichen Bänke an beiden Seiten unseres Pilgerwegs. Wenn es nach ihm ginge, würden wir auf jeder Bank eine kurze Pause einlegen.

Die erste Pause gibt es jedoch erst beim Segelflugplatz, den wir gegen 11:50 Uhr erreichen. Hier hat Kito eine weitere einladende Bank gefunden. Außerdem hat er großen Durst und trinkt reichlich.

Ich liebe den kleinen Racker sehr und habe inzwischen auch so viel Vertrauen in ihn, dass ich ihn heute einmal von Pilgerunterkunft zu Pilgerunterkunft komplett freilaufen lasse. Seine Leine kommt erst im Ziel für drei Minuten zum Einsatz, als wir die Hornburger Küsterin treffen. Da er sie aber offenbar sofort mag, mache ich ihn auf Wunsch der Küsterin sofort wieder los. Und tatsächlich verhält er sich mustergültig. Skeptisch war ich zuvor bei den vielbefahrenen Landstraßenabschnitten mit nur durch einen schmalen Grünstreifen abgetrennten Geh-/Radwegen. Aber er ist auf Zuruf immer wieder „schön hier", also links „bei Fuß", und bleibt mit wenigen Ausnahmen, bei den ich ihn jeweils rasch zurückrufe, in meiner unmittelbaren Nähe.

Der erste derartige Abschnitt führt uns nach **Neindorf** hinein. Am Ortsende Neindorfs haben wir die Wahl zwischen der hangaufwärts führenden Fortsetzung dieser Landstraße und einer rechts davon abbiegenden kleineren Nebenstraße ohne Geh-/Radweg. Beide Straßen sind nach Kissenbrück ausgeschildert. Pilgerwegmarkierungen sehe ich keine.

Ich entscheide mich – des Geh-/Radwegs wegen – für die geradeaus führende ziemlich schattenlose Landstraße nach Kissenbrück. Erst kurz vor dem Ort erkenne ich, dass dies die falsche und auch noch längere Option war. Richtig wäre die kleinere Straße am Ortsausgang Neindorfs nach rechts gewesen.

Die Sonne scheint vom nur mäßig bewölkten Himmel und lässt die Temperatur auf gute 25 °C (im Schatten) ansteigen. So müssen wir beide immer öfter kleine Trinkpausen einlegen.

In **Kissenbrück** stoßen wir auf eine kleine Kreuzung und gehen dort geradeaus in Richtung Bornum und Börßum. Am Ortsende sehen wir dann rechts von uns das Rittergut Hedwigsburg. Normalerweise haben solche historischen Rittergüter ja eine hohe Anziehungskraft auf mich, – heute jedoch nicht. Ich habe keine Lust, nach dem Umweg von gerade eben einen zweiten Umweg zu machen, auch wenn er uns erkennbar wieder auf den Pilgerwegverlauf, den ich anhand der Textbeschreibung erkennen kann, zurückführt.

Stattdessen folgen wir weitere gut zwei Kilometer der bisherigen Landstraße bis **Bornum**. Kurz vor dem Ort stößt dann die VIA ROMEA auch wieder zu uns.

Ich entdecke einen Hinweis auf eine Partnerschaft zwischen Bornum und Bornem, kann jedoch nicht klären, ob dies das Bornem in Belgien ist, in dem jeweils Anfang August die 100 Kilometer lange Dodentocht (Todestour / Marche de la Mort) stattfindet, an der ich 1993, 2015 und 2018 erfolgreich teilgenommen habe.

Die **Petruskirche** erhebt sich auf einem Hügel rechts unserer Straße. Sie gefällt uns, und wir erklimmen den Kirchhügel. Ich vermute, dass sie aus dem 12.-14. Jahrhundert stammt und der massive Kirchturm früher auch als Wehrturm des Dorfes diente. Leider ist sie zu. Aber es ist schön hier, und so legen Kito und ich uns im Halbschatten ins Gras und schlafen zwanzig Minuten. Bei Kitos Wachsamkeit kann uns ja niemand unbemerkt stören.

Als die Kirchturmuhr drei schlägt, brechen wir wieder auf. Vom prognostizierten Starkregen ist nichts zu sehen. Vielmehr scheint die Sonne so wie bereits den ganzen Tag über.

Wir biegen nach rechts in den Sundernweg ab und von dort in den ersten Weg nach links. Laut Text ist dies der „Windmühlenweg", laut Beschilderung jedoch „Am Baumweg". Aber er stimmt mit der Kartenskizze überein und erweist sich auch als korrekte Wahl.

Die Strecke wird so langsam hügeliger. Dies ist mindestens der dritte spürbare Anstieg des Tages. Und genau vor uns sehen wir – wie bereits gestern Nachmittag – den Brockengipfel. Er beherrscht eindeutig unser heutiges Panorama.

Zwischen Bornum und Börßum

In der schattenlosen Passage hinunter nach **Börßum** gibt Kito Gas und läuft gut 200 Meter voraus zu einer Scheune. Ich lasse ihn laufen. Als ich die Scheune am Ortsrand erreiche, liegt der Kleine entspannt im Schatten und schaut mich gut gelaunt an.

Vor einem der ersten Häuser rechts finden wir eine Bank, die wir nutzen, um Kito trinken zu lassen und die Trockenfutterbeladung meiner linken Hosentasche wieder aufzufüllen.

Als die Bewohner des Hauses gegenüber mit ihrem Auto anhalten und sich ihr großer Hund uns bzw. mir nähert, macht Kito ihm sofort wieder eine Ansage. Im Gegensatz zu den bisherigen ähnlichen Situationen ist dieser Rüde aber hier quasi zu Hause und geht seinerseits Kito an. Der ist dann ganz froh, als sich die drei Menschen schlichtend einmischen…

Irgendwo hier im Ort wohnt Thomas Dahms, der Vorsitzende des Fördervereins VIA ROMEA sowie Besitzer des Ostfalia-Verlags, in dem unsere großen Pilgerpässe sowie einige Bücher zu unserem Weg erschienen sind.

Hinter Börßum steigt der Pilgerweg als Feldweg erneut an. Hier kommen uns zwei Pferdekutschen entgegen, die heute nur eine entspannte

113

Abwechslung für meinen Vier-Pfoten-Pilger darstellen. Er bleibt schön ruhig dicht neben mir und lässt Pferde und Wagen passieren.

Die im Wetterbericht für heute Nachmittag angekündigte Regenfront ist übrigens nicht völlig ausgeblieben: Ich sehe sie halbrechts – also südwestlich unserer Route: dunkle Regenwolken, die sich ganz deutlich sichtbar kräftig entladen. Wir haben offenkundig Glück, dass diese Wolken knapp an uns vorbeigezogen sind und wir von ihnen verschont bleiben.

Wir erreichen und umrunden das **Vorwerk Tempelhof** mit einem eindrucksvollen Haupthaus und ebensolchem Wappen. Kurz danach zweigt unser Weg nach rechts ab, wobei die Markierung nur noch in Rudimenten und zudem nicht einmal eindeutig zu erkennen ist.

Zunächst biegen wir in einen mit hohem Gras bewachsenen Weg ab. Ich erkenne meinen Fehler jedoch nach rund 400 Metern, und wir gehen zurück. Im zweiten Anlauf finden wir die richtige Wegkreuzung und biegen nun korrekt nach links ab. Der Weg entlang der „Mühlen-Ilse", einem trägen kleinen Bach, zieht sich ziemlich in die Länge. Die Sonne brennt, und wir haben beide ziemlichen Durst. 1,8 Kilometer vor dem Tagesziel legen wir eine letzte Trinkpause ein. Kito trinkt das letzte Wasser aus seiner Flasche, ich bereits Wasser aus meiner Reserveflasche. Nachdem ich gestern Abend bereits zwei Liter getrunken habe, waren es heute auch schon mindestens zwei weitere Liter.

Wir erreichen **Hornburg**, finden den richtigen Abzweig von der Bundesstraße in eine Seitenstraße und von dort in einen Fußweg neben der Mühlen-Ilse. Kito läuft weiterhin frei. Manchmal scheint er seine Freiheit etwas zu übermütig ausreizen zu wollen, aber auf Rückruf ist er stets wieder brav bei mir.

Hornburg hat eine wunderschöne Altstadt mit zahlreichen alten Fachwerkhäusern. Viele der Jahresinschriften verweisen auf das 16. Jahrhundert als Erbauungszeit. Wenige Meter bevor wir die **Marienkirche – Beatae Mariae Virginis Kirche** – sehen, klingelt mein Handy. Es ist Marion Frenken, die Küsterin der Kirche, die ich bei unserem Eintreffen hätte anrufen sollen. Sie erkundigt sich, wo wir sind und wann wir eintreffen werden. Gleich – in wenigen Minuten!

Wir treffen uns vor dem Gemeindehaus. Wie bereits erwähnt, mag Kito sie sofort und ist super-freundlich zu ihr.

114

Und gerade als wir drei um Punkt 18 Uhr das Gemeindehaus betreten, fallen die ersten Regentropfen! In den folgenden drei Stunden, in denen Kito auf seiner Decke auf dem Schlafsofa im Obergeschoss vor sich hin schnarcht, während ich meine Tageseindrücke in den Laptop tippe, gehen weitere heftige Schauer nieder.

Hier im Gemeindehaus haben wir heute wieder ein Bett, nämlich besagtes Schlafsofa. Im Erdgeschoss sind Küche und Sanitärräume, allerdings keine Dusche. Da werde ich mich also wieder einmal am Waschbecken frisch machen müssen.

Inzwischen ist es kurz nach 21 Uhr, höchste Zeit also fürs Abendessen. Es gibt – wie vorgestern – Kartoffelpüree, diesmal wieder mit Cabanossi-Stücken, dazu noch Brötchen mit Teewurst bzw. Bauernfrühstück. Wir müssen nicht verhungern…

Kito verfolgt meine Vorbereitungen sehr aufmerksam und lässt sich nicht lange bitten, seinen Anteil zu verputzen. Danach liegt er wieder schnarchend auf seiner Kuscheldecke, während ich mit Christine telefoniere.

Tageskilometer: 20,9 km

Gesamt-Kilometer: 335,29 km

Erkenntnisse des Tages: 1.) Die Landschaft wird eindeutig hügeliger, was mit dem Brocken vor uns in Sichtweite nicht wirklich überraschend ist.

2.) Dass die Regenfront uns Pilger am Nachmittag verschont, ist eine weitere wunderbare Fügung, wie wir sie bereits öfters in der Vergangenheit erleben durften.

3.) Kito ist heute zum aller ersten Mal vom Start an der Pilgerunterkunft Wolfenbüttel bis zur Ankunft bei der Pilgerunterkunft Hornburg (gute 20 Kilometer) komplett frei = ohne Leine gelaufen. Das erforderte zwar wieder weit mehr Konzentration und Aufmerksamkeit meinerseits, aber es zeigt, dass mein kleiner Begleiter noch jede Menge Potential hat!

7. AUGUST 2023
HORNBURG ÜBER OSTERWIECK NACH VECKENSTEDT
(Tag 15, Etappen 16/17)

Nach einer sehr guten, wenngleich kurzen Nacht (ich war erst nach 0:30 Uhr im Bett) wachen Kito und ich gegen halb acht auf. Da es jedoch im Bett zu kuschelig ist und es zudem draußen gerade hörbar regnet, zögern wir das Aufstehen noch bis 8:20 Uhr hinaus. Dann jedoch schlägt der aufmerksame Hund Alarm: Es sind fremde Menschen im Haus!

Es ist die Küsterin mit noch einer zweiten Frau, die sich in einem der großen Räume unter uns zu einer Besprechung getroffen haben.

Zunächst ist aber Kitos Morgenrunde dran, die der kleine Pilger in Rekordzeit erfolgreich erledigt. Während er wieder in unserem Zimmer ist, schnacke ich kurz mit der Küsterin, gebe den Schlüssel zum Gemeindehaus zurück und entrichte meine Spende (20 €), die – ihrer Reaktion nach – unüblich hoch zu sein scheint. Natürlich erhalten wir von ihr auch unsere Pilgerstempel, und zwar einmal den üblichen der VIA ROMEA und zum zweiten einen hübschen Stempel der Kirchengemeinde.

Da die Kirche heute Vormittag eigentlich zu ist, lässt Frau Frenken mich schnell durch die Sakristei hinein. Die **Kirche Beatae Mariae Virginis** von 1616 ist beeindruckend groß und gilt als eine der schönsten evangelischen Kirchen im nördlichen Harzvorland. Die nachgotische Hallenkirche ist der zweite protestantische Kirchenneubau im Bereich der Braunschweigischen Landeskirche nach ihrer 1608 begonnenen gleichnamigen Schwester in Wolfenbüttel, in deren Gemeindehaus wir ja die Nacht zuvor Aufnahme gefunden haben. Der Orgelprospekt von Christoph Cuntzius (Anfang 18. Jahrhundert) zählt zu den bedeutendsten seiner Art in Norddeutschland.

Der Spätrenaissance-Altar und die Kanzel wurden von Mitgliedern der Familie von Randow gestiftet. Hans von Randow und sein Sohn Friedrich residierten im 16. und 17. Jahrhundert als halberstädtische Amtshauptmänner auf der Hornburg. Grabsteine des Hans von Randow und seiner

Tochter *Ilse* stehen noch heute in der Hornburger Kirche, deren Altar von der Witwe des Hans gestiftet wurde.

Da ich für unsere heutige erste Halbetappe von Hornburg bis Osterwieck keine Streckenkarte ausgedruckt habe, will ich versuchen, einen geeigneten Ersatz in der Tourist-Info zu bekommen. Vor dem Rathaus nebenan gibt es zwar ein regensicheres Selbstbedienungsangebot mit verschiedenen Prospekten und Flyern. Die Tourist-Information selbst hat dagegen am heutigen Montagmorgen zu.

Wieder im Gemeindehaus koche ich Kaffee und frühstücke in Ruhe mit Kito. Die neue Wurst in unserem Vorrat schmeckt ihm außerordentlich gut, und er kann nicht genug davon bekommen. An den etwas labberigen und nicht kross durchgebackenen Brötchen hat er weniger Gefallen, was ich nachvollziehen kann.

Ich komme erst nach zehn Uhr zum Packen. Und da es noch ein paar weitere Schauer abzuwarten gilt, machen wir uns erst um 11:20 Uhr auf den Pilgerweg.

Keine 200 Meter nach unserem Start beginnt es leicht zu regnen. Vor allem um meinen Rucksack mit meiner Wäsche und dem Laptop sicher

trocken zu halten, ziehe ich mir umgehend meinem Folienponcho über. Kito bekommt seinen Regenmantel angezogen, wobei er überraschenderweise nicht einmal protestiert. Allerdings hört der Regen schon nach ein paar Minuten wieder auf.

Das Heimatmuseum, zu dem wir wegen eines dort vorgehaltenen Wanderflyers abbiegen, ist auch zu. Gibt es hier keine Hauptsaison für Urlauber? Wir umrunden den Burgberg auf der Südseite und stoßen kurz vor dem Ortsausgang wieder auf die Pilgerwegmarkierungen. Die VIA ROMEA biegt kurz darauf halblinks auf und nimmt Kurs auf dem **Kammweg des Kleinen Fallsteins**.

Zunächst noch ist der Weg asphaltiert. Das nützt uns allerdings wenig, als ein mittelgroßer Baum quer über ihm liegt. Mein kleiner Mitpilger begutachtet ihn fachmännisch, mag mir jedoch keine gute Stelle zur Überquerung anbieten. Ich krabbele ganz rechts unter einem großen Ast hindurch und steige dann über den Stamm.

Wir haben gerade eben unsere erste Schutzhütte ein paar hundert Meter hinter uns gelassen und sind gerade mitten in einem ungeschützten Abschnitt dicht vor dem einstigen **deutsch-deutschen Grenzstreifen**, als der

Himmel plötzlich seine Schleusen öffnet und ein heftiger Starkregen einsetzt. Trotz unseres Regenzeugs sind wir sofort ziemlich nass. Bei mir betrifft es natürlich Schuhe und Strümpfe sowie beide Hosenbeine einschließlich der Hosenbeintaschen (die normalen Hosentaschen bleiben trocken, so dass ich mein Plastikkartenmäppchen eine Taschenetage höhernehme und das Handy in den wasserdichten Brustbeutel). Wir eilen an einer Skulptur, einem **DDR-Grenzpfosten** vorbei und durch eine Lücke im einstigen **Metallgitterzaun** und finden dicht dahinter zwei überdachte Picknickplätze. Schutzhütten sind es nicht gerade, aber wir haben wenigstens ein schützendes Dach über uns, auch wenn wir – durchnässt wie wir sind – dem Wind ausgesetzt bleiben.

Der kleine Hund zittert, und auch ich friere – bei nur 13 °C – nicht schlecht. Erst nach rund einer halben Stunde hört der Regen auf und können wir weitergehen.

Der Grenztruppenspurweg, dem wir zunächst folgen, ist ganz angenehm zu gehen, die späteren Naturwege mit ihren tiefen Pfützen und dem aufgeweichten Untergrund weniger.

Oben: Grenztruppenweg vor dem Wachturm Rhoden / unten: Abstieg vom Kamm- zum Hangweg (ca. 4 km vor Osterwieck)

Am **Wachturm Rhoden** entdecke ich unseren ersten Stempelkasten der Harzer Wandernadel auf der VIA ROMEA. Es ist ein Sonderstempel. Allerdings habe ich meine Stempelhefte alle zu Hause liegen…

Der Weg ist wirklich gut markiert, und auch die Entfernung bis nach Osterwieck ist meist mit angegeben.

So nach und nach trocknen auch unsere nassen Sachen, und als knapp drei Kilometer vor Osterwieck die Sonne kräftig scheint und es nun schwül-warm ist, befreie ich Kito bei einer kurzen Rast mit Trinkpause von seinem Regenmantel und lege auch meinen Poncho ab.

Das war ganz eindeutig ein Fehler, denn nur rund zehn Minuten später überrascht uns – natürlich auf freiem Feld – der nächste Wolkenbruch. Ich habe maximale Mühe, den Folienponcho über den Rucksack zu bekommen, und werde dabei noch nässer als beim ersten Mal. Zudem verliere ich beinahe meine Mütze.

Als wir unseren Regenschutz endlich angelegt haben, dauert es dann auch keine drei Minuten, bis der nasse Spuk vorüber ist.

Nur die strömenden Bäche auf den Wegen begleiten uns noch eine ganze Zeitlang. Und die Fotos der nächsten Zeit zeigen einige unscharfe Stellen.

Allee hinunter nach Osterwieck

Als wir uns im Abstieg nach **Osterwieck** befinden, sehen wir die nächste „schwarze Wand" auf uns zukommen. Diesmal erwischt sie uns nicht ungeschützt, sondern können wir uns am Ende einer Tordurchfahrt wind- und regengeschützt unterstellen. Aber auch hier frieren wir – nur nicht ganz so sehr wie zuvor – eine halbe Stunde vor uns hin.

Die **St. Stephani Kirche** ist natürlich verschlossen, die Tourist-Info (kurz vor 16 Uhr am Montag) leider auch. Im Zweifelsfall haben wir also keinen Pilgerstempel von hier. Aber auf unserem weiteren Weg durch die durchaus schöne Innenstadt mit ihren zahlreichen Fachwerkhäusern sind wir – diesmal eher zufällig – gleich auf dem richtigen Weg und treffen wir immer wieder auf unsere VIA ROMEA Zeichen.

Als der Weg den Ortsrand erreicht, biegen wir jedoch noch einmal ab und fragen uns nach der etwa einen Kilometer entfernten Bahnhofstraße durch, wo sich zahlreiche Supermärkte befinden, darunter auch einer, bei dem ich neues Guthaben für mein Prepaid-Handy erstehe. Außerdem kaufe ich Hunde-Stix, Schokolade, Brötchen und Frikadellen. In einer Apotheke bekommen wir sogar auch unsere Stempel.

Es ist bereits 17 Uhr, als wir Osterwieck verlassen. Zwischen 18 und 19 Uhr wollten wir an unserem Tagesziel in Veckenstedt eintreffen. Das ist definitiv nicht mehr zu schaffen! Wir ziehen unser Tempo an und verkneifen uns jegliche weiteren Pausen. Kito lässt sich sein Trockenfutter Stück für Stück ja auch „bei vollem Pilgertempo" zureichen und schmecken, und auch für einen Stix brauchen wir keinen Stopp.

Wir umgehen – wie vorgegeben – auf dem Pilgerweg **Berßel** und nehmen Kurs auf **Wasserleben**. Meist haben wir den Brockengipfel direkt vor uns, allerdings inzwischen bereits deutlich dichter und größer als vor zwei Tagen, als wir ihn erstmals auf dieser Pilgerreise sahen. In Wasserleben durchqueren wir den Gutshof und pilgern vor dem Herrenhaus vorbei und um die Kirche herum. Letztere ist jetzt kurz vor 19 Uhr erwartungsgemäß zu.

Kirche in Wasserleben

Im Ort verlieren wir dann die Pilgerwegmarkierungen. Zu langem Suchen haben wir beide keine Lust. Wir wollen endlich im Ziel sein, wo wir ja auch längst hätten sein sollen! Also nehmen wir von Wasserleben nach **Veckenstedt** freiwillig die Landstraße. Sie hat keinen Geh-/Radweg, was jetzt auch egal ist.

Um 19:32 Uhr erreichen wir endlich das Ortseingangsschild. Jetzt müssen wir nur noch die **Kunstmühle von Edda Grossman**, einer Malerin, finden. Wir folgen der Straße, auf der wir gekommen sind, bis zur Kirche und der benachbarten Gemeindeverwaltung. Einen Ortsplan finden wir nicht. Also rufe ich unsere Gastgeberin um 19:40 Uhr an. Sie erklärt mir den Weg und keine 200 Meter weiter sind wir am Tagesziel.

Wir bekommen ein Zimmer in der ersten Etage eines Nebengebäudes mit Bett und Badezimmer nebenan. Die Gemeinschaftsküche ist – quer über den Hof – im Gebäude gegenüber, die Aufenthaltsräume mit Tischen und Stühlen auch. Das WLAN eigentlich auch, aber – warum auch immer – bekomme ich trotz korrekter Einwahl keine Verbindung.

Ich mache mir eine große Tasse Tee. Dann essen wir beide zu Abend, und anschließend schreibe ich meine Tageserinnerungen nieder. Zwischendurch ruft auch Christine an. Sie hatte einige Probleme, mein Handy zu erreichen, hat es dann aber ja doch geschafft. Wenn sie etwas wirklich will, kann sie ganz schön hartnäckig sein. Da ist sie wie Kito. Der kann das genauso perfekt.

Gegen 23 Uhr packen wir unsere Sachen zusammen, gehen auf kurze Abendrunde – genauer gesagt: Kito pullert einen der nächsten Büsche an und ist dann bettfertig – und verschwinden in unserem Zimmer.

Tageskilometer: 24,9 km

Gesamt-Kilometer: 360,19 km

Erkenntnisse des Tages: 1.) Das sommerlich warme Wetter ist keine Selbstverständlichkeit. Und bei 13-16 °C, Regenschauern und Wind kann es auch im August im Vorharz ungemütlich kühl werden.

2.) Kito ist weiterhin – oder mehr denn je – mein geduldiger, empathischer und beschützender Gefährte. Auch bei noch so ungemütlichen Bedingungen schlägt er sich wacker.

8. AUGUST 2023
VECKENSTEDT NACH WERNIGERODE
(Tag 16, Rest Etappe 17)

Heute liegt nur die zweite Hälfte der 17. Etappe der VIA ROMEA GER-
MANICA an. Wir müssen nämlich heute noch per Bahn nach Peine und
per Auto heim nach Hamburg, wo Christine und ich heute noch ein Konzert in der Fabrik besuchen wollen.

Die Nacht ist semi-gut, da die dünne Matratze ziemlich durchgelegen
ist und ich mehr oder weniger auf dem Lattenrost geschlafen habe. Kito
hat diese Probleme ja nicht. Der schläft überall gut. Trotzdem kann ich am
frühen Morgen nicht auf eine ausgiebige Kuschelrunde mit Kito verzichten. Er ist einfach zu süß und genießt diese Kuschelei mindestens ebenso
sehr wie ich selbst.

die Kunstmühle in Veckenstedt, das Giebelfenster des Gebäudes rechts gehört zu unserem
Schlafraum

Um halb neun sind wir dann endlich auf den Beinen und kurz darauf auf seiner Frührunde. Wir gehen nur die paar Meter bis zur Kirche und zurück. Danach gibt es selbst zubereitetes Frühstück für uns in der **Kunstmühle**. Ich habe die Kaffeemaschine angeworfen und genieße den frischen Kaffee und dazu mein Brötchen. Kito mag heute ausnahmsweise kein Teewurstbrötchen. Stattdessen spendiere ich ihm ein paar Stix.

Ich weiß auch nicht, warum wir morgens vom Aufstehen über Kitos Runde, Frühstück und Packen immer rund 90 Minuten brauchen, aber auch heute sind wir erst um 10:13 Uhr wieder auf dem Weg.

Unsere Tagesvorgabe ist: Ankunft und Pilgerstempel am Rathaus Wernigerode, dann zum Bahnhof, dort den Zug um 12:18, 13:21 oder 14:18 Uhr erreichen und rund zwei Stunden später dann in Peine mein Auto nehmen und nach Sasel fahren. Wie weit es bis zum Rathaus Wernigerode ist, weiß ich nicht so genau. Ich schätze 10-12 Kilometer.

Die Wegfindung ist heute einfach: Zum einen starten wir ja bereits am Weg. Dann sind die Markierungen in **Veckenstedt** nicht schwer zu finden, und auf der freien Strecke in der Landschaft hinauf nach Charlottenlust, dem höchsten Punkt dieses Tages, und dann hinunter nach Wernigerode gibt es wenig bis keine Alternativen. Erst in Wernigerode müssen wir aufpassen und am Ende ein wenig fragen und improvisieren.

Kito hat unterwegs viel Spaß, düst immer hin und her und ist beim Herannahen von Autos oder Radfahrer stets schnell wieder *„schön hier"* bei mir.

Wir kommen schnell voran und erreichen zügig die Autobahn A 36, die wir auf einer Brücke überqueren, und die Anhöhe **Charlottenlust**, die ihren Namen der Gräfin Sophie Charlotte (1695–1762), geborene Gräfin zu Leiningen-Westerburg, Gemahlin des Grafen Christian Ernst zu Stolberg-Wernigerode (1691-1770), verdankt.

Am Rande der Wohnbebauung Wernigerodes nimmt sowohl der Autoverkehr als auch die Anzahl an Radfahrern und Fußgängern so sehr zu, dass ich Kito wieder an die Leine nehmen muss. Er nimmt mir das nicht krumm, sondern sieht dies offenbar auch als Teil meiner Fürsorge und meines Schutzes für ihn, was es ja auch ist.

Wir nähern uns sehr fix dem Stadtzentrum. Auf dem letzten Kilometer finden wir keine Wegzeichen mehr und fragen uns auf dem Weg zum

Rathaus durch. Um 12:20 Uhr haben wir das **Rathaus Wernigerode** und die benachbarte Tourist-Information und damit unser Etappen- und Tagesziel erreicht. In der Tourist-Information erhalten wir unsere Pilgerstempel und einen Stadtplan vom Abreißblock. Da wir noch genug Zeit haben, nehmen wir auf dem Weg zum Hauptbahnhof den Umweg über die Breite Straße.

Rathaus Wernigerode mit Wochenmarkt

Es ist schon eine erhebliche Umgewöhnung, nach den vielen ruhigen und besinnlichen Kilometern in der Natur und den kleinen Orten und Städten nun wieder dieses Touristengewusel zu erleben. Wir können damit zwar gut leben, aber die Ruhe auf dem Weg war uns beiden eindeutig lieber.

Um 12:50 Uhr erreichen wir den Bahnhof, wo ich unsere Fahrkarten nach *Peine* sowie einen Becher Kaffee und eine gefüllte Streuselschnecke kaufe. Letztere teile ich natürlich mit meinem süßen Mitpilger. Kito hatte heute früh übrigens jegliches Frühstück abgelehnt und sich erst nach dem Ortsende Veckenstedts auf freier Strecke wieder einmal sein Trockenfutter Stück für Stück und von Hand reichen lassen.

Unser Zug RE 4 kommt pünktlich um 13:21 Uhr und erreicht *Vienenburg* mit einer unwesentlichen Verspätung von drei Minuten um 13:45 Uhr. Irritiert bin ich dann aber, als unser Anschlusszug RB 42, der erst um 14:03 Uhr fahren soll, bereits um 13:49 Uhr einfährt! Aber er fährt wirklich erst um 14:03 bzw. sogar 2-3 Minuten später, nachdem ein anderer Zug auf dem Nebengleich eingetroffen ist.

Ähnlich ist es in Braunschweig: Der RB42 kommt pünktlich um 14:35 Uhr auf Gleis 2b an. Als wir dann Gleis 5 erreichen, steht dort bereits unser dritter Zug WFB RE70, der erst um 14:54 Uhr planmäßig und pünktlich losfährt. Um 15:13 Uhr kommen wir dann in *Peine* an und haben dort noch rund 700 Meter Fußweg zum Auto.

Kito checkt auf diesem Weg alle Autos rechts und links vor uns, egal wie groß sie sind und wie sie aussehen. Meines identifiziert er dann nach Beschnuppern der Beifahrertür. Gut, dann nehmen wir das!

Auf dem Weg zur Autobahn A 2 tanke ich noch kurz. Ansonsten rauschen wir ohne Pause durch und sind um 17:42 Uhr – gut in der Zeit – wieder zu Hause.

Das Wetter hatte es heute wieder gut mit uns gemeint. Mit maximalen 19 °C war es angenehm zum Pilgern, und die Regenwolken zogen auf dem Weg jeweils knapp an uns vorbei. Ansonsten regnete es mehrfach, während wir im Zug oder im Auto saßen.

Tageskilometer: 9,5 km auf der VIA ROMEA + 2 km zum Bahnhof und in Peine = 11,5 km – Gesamt-Kilometer: 371,69 km

Erkenntnis des Tages: Es war einmal mehr sehr, sehr schön auf der VIA ROMEA GERMANICA. Wir haben in diesen 4 ½ Tagen wieder viel gesehen und erlebt und ganz viele schöne Erinnerungen in uns aufgenommen. Jetzt ist es schön, gut zwei Tage zu Hause zu sein, bevor es – dann mit Christine – weitergeht.

11. AUGUST 2023
WERNIGERODE NACH ELBINGERODE
(Tag 17, Etappe 18)

Pilgern zu dritt – also mit Christine und Kito – ist etwas gänzlich anderes als Pilgern zu zweit – also nur mit Kito. Zu dritt ist es sehr viel schöner, so lange alles gut läuft. Ansonsten kann es aber auch sehr viel stressiger sein, wenn die Feinabstimmung nicht passt, irgendetwas nicht gut läuft oder irgendwelche (verborgenen, weil unausgesprochenen) Erwartungen mitspielen.

Geplant war eine ganz frühe Abfahrt zu Hause – so gegen sieben Uhr, eine Ankunft in Wernigerode gegen zehn Uhr, entspanntes Gehen mit zwischenzeitlicher Einkehr und ein nettes Quartier sowie ein ebensolches Abendessen.

Wernigerode, Schloss

Stattdessen stehen wir erst gegen sieben Uhr auf, fahren kurz nach zehn los, kommen (auch Stau-bedingt) gegen 14:45 Uhr am P+R-Parkplatz in **Wernigerode** an, gehen vom Marktplatz Wernigerode gegen 15:50 Uhr los und kommen am Quartier in Elbingerode um 19:50 Uhr an.

Die Pilgeretappe selbst ist prima. Natürlich geht der Weg viel bergauf. Das ist nun einmal so, wenn man aus dem Vorharz in den Harz hinein wandert.

Außerdem wollen wir ja an diesem Wochenende Kitos kleinen Hunde-buggy als alternative Transportoption zu unserem bisher auf dem Weg von Hamburg nach Santiago genutzten Fahrradbuggy testen. Und da ist es gut, verschiedene Wegqualitäten sowie profiliertes Gelände mit einzu-beziehen.

Vor allem der Talweg bergan im ersten Abschnitt mit seinen angeneh-men schattigen Partien ist super-schön. Später geht es dann knackig berg-auf zum **Dreiherrenstein** (501 m NN), den wir kurz hinter der Siedlung Hartenberg erreichen. Hier trafen sich einst die Herrschaftsgebiete der Grafschaft Stolberg-Wernigerode, der Grafschaft Blankenburg und des Kurfürstentums Braunschweig-Lüneburg.

Dreiherrenstein bei Hartenberg

Einige hundert Meter weiter erreichen wir eine Umleitung. Ein Knüppeldamm, über den die ursprüngliche Route der VIA ROMEA führte, ist wohl schon länger nicht mehr passierbar. So folgen wir dem Weg „Deutsche Kaiser und Könige". Der Umweg hält sich in Grenzen.

Zweimal – am Besucherbergwerk Buchenberg und am Galgenberg kurz vor Elbingerode – kommen wir bis auf wenige hundert Meter, am Galgenberg sogar in Sichtweite, an Stempelkästen der Harzer Wandernadel (HWN) vorbei, aber ich verkneife es mir, diese zusätzlichen Zeiträuber wahrzunehmen.

Kito ist einfach nur glücklich, heute seine beiden Menschen beim Pilgern dabei zu haben. Er genießt diese Konstellation und nutzt sie – was ihm durchaus zusteht – auch ein wenig zu seinen Gunsten aus. Vor allem setzt er sich immer wieder auf die kuschelige Decke auf seinem Buggy und lässt sich genussvoll herumkutschieren.

Unsere Gastgeber Josefine und Robert Wilhelm sind mit ihren Kindern an diesem Wochenende selbst pilgern, weshalb ein Freund der beiden, Christian Krug, uns in **Elbingerode** ins Haus lässt, einweist und uns den Schlüssel übergibt. Gegen 20 Uhr müssen wir uns langsam, aber sicher um unser Abendessen kümmern. Der Supermarkt hat bereits zu. Christine findet die Idee prima, in einer Gaststätte, in der sie nach dem innerörtlichen Wegverlauf gefragt hatte und deren Küche bis 21 Uhr geöffnet ist, gut bürgerlich essen zu gehen, sagt dies aber nicht. So holen wir uns stattdessen – deutlich günstiger – zwei Pizzen beim Pizza Express und essen im Quartier.

Tageskilometer: 13,82 km auf der VIA ROMEA inkl. ca. 1 km vom Bahnhof zum Rathaus Wernigerode

Gesamt-Kilometer: 385,51 km

Erkenntnis des Tages: Pilgern zu dritt ist ganz anders als Pilgern zu zweit und muss nach mehr als zehn Monaten Pause erst wieder neu eingespielt werden.

12. AUGUST 2023
ELBINGERODE NACH HASSELFELDE
(Tag 18, Etappe 19)

Neuer Tag – neues Spiel und neues Glück. Heute soll alles anders und natürlich vor allem besser werden.

Das fängt natürlich gleich beim Wecken an. Statt um 8:15 Uhr klingelt der Handy-Wecker heute eine Stunde früher, also um 7:15 Uhr. Etwa 20 Minuten später stehen wir auf. Christine geht mit Kito auf seine Runde und bringt vom Bäcker Brötchen mit, während ich das Frühstück vorbereite. Nach dem Frühstück packen wir.

Um 9:40 Uhr gehe ich zur **Stadtkirche St. Jakobi**, natürlich auch wegen eines hiesigen Pilgerstempels. Die Kirche ist jedoch leider zu. Die Bäckerei ist eine Filiale, hat also – wenn überhaupt – nur einen Stempel mit der Firmenzentrale. Aber in einer Nebenstraße treffen ich einen Pensionswirt vor seinem Haus, der tatsächlich unsere Pilgerpässe stempelt. Als wir dann endlich aufbrechen, ist es zehn Uhr! Also irgendwie doch so wie immer, nur halt zu dritt!

Wir haben laut Internetseite der VIA ROMEA heute 18,8 km vor uns, die mit rund fünf Stunden reiner Gehzeit veranschlagt werden. Da für heute Nachmittag gegen 15-16 Uhr Regen angesagt ist, sollten wir nicht trödeln.

Wir verlassen **Elbingerode** zügig, wobei es sich gut trifft, dass unsere private Pilgerunterkunft direkt am Pilgerweg liegt.

Der Weg steigt leicht an. Der innerörtliche Autoverkehr ist sehr dünn, aber trotzdem lasse ich – Christine zuliebe – Kito erst am Ortsausgang von der Leine.

Wenig später erreichen wir den Abzweig zum Aussichtspunkt in den **Tagebau Elbingerode**. Hier wird vornehmlich Kalk abgebaut. Rein „zufällig" gibt es hier auch eine Stempelstelle der Harzer Wandernadel (HWN), die ich heute nutze. Die # 39 ist also nun in meinem HWN-Stempelheft sowie im Sonderheft Harzer Steiger.

Die Strecke onduliert kräftig rauf und runter, aber wir kommen recht gut voraus, auch ohne zu hetzen.

oben: Tagebau Elbingerode / unten: Talsperre Königshütte

An der 108 Meter langen, leicht gekrümmten Staumauer der **Talsperre Königshütte** erreichen wir den nächsten HWN-Stempelkasten, die # 42. Ab hier folgen wir nun dem **Harzer Hexenstieg**. Die Strecke und die Ausblicke sind sehr schön.

Die Wolken haben sich weitestgehend verzogen, und wir genießen den Sonnenschein, auch wenn es jetzt zunehmend wärmer wird. Das Tagesmaximum dürfte bei rund 25 °C liegen. Fast den ganzen Tag über weht ein kräftiger Wind, der zwar immer wieder Wolkenformationen auf uns zu weht, aber glücklicherweise keinen Regen. Drei HWN-Stempelkästen, die wir nur mit Umwegen erreichen können, lassen wir aus, so dass wir nur noch die # 56 in unsere HWN-Sammlung einreihen.

Kurz vor 16 Uhr erreichen wir endlich – immer noch trocken – **Hasselfelde**, unseren Zielort. Bevor wir zum Gemeindehaus der St. Antonius-Gemeinde gehen, machen wir erst noch einen Abstecher zum NETTO-Supermarkt, wo wir beide unseren Lebensmittelvorrat für heute und den morgigen Sonntag einkaufen.

Kirche St. Antonius in Hasselfelde

Auf dem Weg zur Kirche passieren wir einen Döner-Laden (der gerade öffnet), ein Eiscafé (das um 18 Uhr schließen wird), ein Asia-Lokal und ein italienisches „Bistrorante". Hier in Hasselfelde muss also kein Pilger verhungern!

Hasselfelde wurde übrigens erstmals 1043 urkundlich erwähnt, steht also kurz vor seinem 1000-Jahre-Jubiläum, und hat seit 1222 Stadtrechte. In ottonischer Zeit befand sich – vermutlich nahe der Kirche – ein königlicher Jagdhof.

Pastor Karsten Höpting ist bei unserer Ankunft am Pastorat kurz vor 17 Uhr nicht im Pfarrhaus und auch telefonisch weder über sein Handy noch seine Festnetznummer zu erreichen, ruft jedoch nach meinem zweiten Anruf auf sein Handy zurück und erklärt uns, wie wir während seiner Abwesenheit ins Gemeindehaus kommen.

Als er dann gegen 17:30 Uhr auch hier eintrifft, sitzen wir gemütlich in der Küche. Später beziehen wir Quartier im hinteren, kleineren Teil des Gemeindesaals. Matratzen gibt es nicht, aber Christine hat ihre Luftmatratze und ich meine Isomatte schnell aufgeblasen.

Für den Fall, dass wir morgen in Neustadt/Harz wirklich zelten müssen, baut Christine rein übungshalber schon mal ihr Zelt im Gemeindesaal auf und ab. Unsere Matten passen perfekt hinein. Lediglich für die Rucksäcke ist etwas weniger Platz, so dass wir die eventuell übereinander stapeln müssen. Aber das wird sicherlich gehen.

Da das Eiscafé um 20 Uhr bereits geschlossen ist, gönnen wir uns als zweites Abendessen Kuchen, den wir von Pastor Höpting geschenkt bekommen haben. Dazu gibt es je ein Viertel Rotwein. Schließlich müssen wir ja **Kitos 100. Pilgertag** würdigen. Der Jubilar selbst liegt zusammengerollt auf seiner Decke zwischen uns und schnarcht selig vor sich hin.

Wir machen uns einen entspannten Abend, den wir aber nicht allzu lang werden lassen. Gegen 22:15 Uhr gehen Christine und der Jubilar noch eine kleine Runde. Danach beginnt unsere Nachtruhe.

Tageskilometer: 19,0 km

Gesamt-Kilometer: 404,51 km

Erkenntnis des Tages: Pilgern zu dritt erfordert einiges an Übung, an Kommunikation, Empathie und Kompromissen, geht aber wieder ganz prima. Und das Wetter war an Kitos 100. Pilgertag auch tadellos.

13. AUGUST 2023
HASSELFELDE NACH NEUSTADT/HARZ
(Tag 19, Etappe 20)

Kitos 101. Pilgertag beginnt deutlich früher als die letzten Tage davor. Christines Wecker klingelt um Viertel vor sieben, meiner um Viertel nach sieben. Da machen sich Kito und Christine bereits zur Morgenrunde auf.

Das Frühstück findet in der Küche statt. Neben Kaffee gibt es Kuchen, Wurstbrötchen und Bananen. Das anschließende Packen ist inzwischen Routine. Und tatsächlich verlassen wir das Pfarrhaus um Punkt neun Uhr!

Wenige Minuten zuvor hat mich der für Neustadt/Harz zuständige Pfarrer Gregor Heimrich auf meinem Handy angerufen. Er war eine Woche nicht zu Hause und hatte gerade meine vor einigen Tagen verschickte Mail gelesen. Ich erkläre ihm, dass wir in Neustadt/Harz kein Quartier gefunden haben, weil alle ausgebucht sind. So ist der Campingplatz nördlich des Ortes unsere letzte Option, wobei wir fürchten, dass es kommende Nacht genauso regnen könnte wie in der letzten Nacht. Der Pfarrer verspricht, sich zu kümmern und dann am Nachmittag zu melden.

Die Route der VIA ROMEA führt uns zunächst durch den Kurpark und dann in Feld und Flur. An einigen Stellen gibt es interessante kleine Info-Tafeln zu historischen Begebenheiten oder Ereignissen, die im Zusammenhang mit diesen Orten stehen.

Hinter der **Domäne Stiege** (sie ist übrigens auch Pilgerherberge) steigt der Weg sehr lange an. Christine nutzt solche Gelegenheiten, um den schmalen Hundebuggy weiter als Rucksackbuggy zu testen. So lässt der sich auf flachen Schotterwegen bergauf leichter ziehen als schieben. Auf unebenen Graswegen funktioniert diese Technik jedoch nicht, weil der Buggy dort zu leicht umkippt. Verglichen mit unserem beim Jakobspilgern von Hamburg nach Trier genutzten breiteren Fahrradbuggy ist dieser schmale Buggy zwar leichter und auch leichter zu handhaben, aber gleichzeitig „hochbeiniger" und daher in seinem Lauf unruhiger und kippeliger.

Am **Schloss Stiege** dürfen wir den Buggy einige Treppenstufen bergab testen. Ohne Christines Rucksack lässt er sich zu zweit leicht tragen.

Stabkirche Stiege

In **Stiege** suchen wir eine Option, an diesem frühen Sonntagmittag irgendwo einen Kaffee zu bekommen und eine gemütliche Mittagspause einzulegen. Leider gibt es nirgendwo einen „Coffee to go", so dass wir unser Picknick dann ohne Kaffee neben der hierher versetzten **Stabkirche Stiege** verbringen. Ich schaffe es bei meiner Fotorunde, noch kurz <u>in</u> die Kirche zu schauen, während diese bei Christines Runde bereits wieder verschlossen ist. Außerdem gibt es hier einen HWN-Sonderstempel, den ich natürlich nicht auslasse.

Wir passieren den Bahnhof Stiege, Ausgangpunkt der Selketalbahn und des Selketal-Wanderwegs, und verlassen den Ort über einen leicht ansteigenden Grasweg.

Dabei verpassen wir irgendwann den Abzweig von diesem Weg nach rechts in einen schmalen Graspfad, was wir erst rund 400 Meter später merken, als wir vor uns eine Bahntrasse entdecken. Also kehren wir um, gehen bis zum Abzweig zurück und nehmen nun den korrekten, sehr schmalen, holperigen Pfad durch teils hohes Gras. Hier schultert Christine ihren Rucksack, während ich den Buggy schiebe.

Kurz darauf müssen wir einen weiteren ebenso unscheinbaren Ab-zweig, diesmal nach links, verpasst haben. Jedenfalls finden wir uns auf einer zwar hübschen Blumenwiese wieder, sind aber eindeutig nicht mehr auf Christines Track. Der „Weg" quer über die holperige halbhohe Wiese ist mit dem Buggy mehr als anstrengend und schlaucht mich heftig, zumal wir dabei versuchen, möglichst schnell wieder auf Kurs zu sein und somit möglichst wenig Zeit liegen zu lassen.

Der korrekte Wegverlauf der VIA ROMEA ist ein teils kaum erkennba-rer, weil zugewachsener Waldpfad.

Irgendwann erreichen wir einen Schotterweg, dem wir nach links fol-gen und auf dem wir die Gleise der Harzer Schmalspurbahn (HSB) über-queren. Den **Haltepunkt Birkenmoor der HSB** lassen wir rechts liegen. Passager kommen wir zügig voran, dann aber, vor allem bergauf und/oder auf Gras, nur sehr langsam.

Hinter dem Bach Bere überqueren wir die **Landesgrenze von Sachsen-Anhalt nach Thüringen**. Ein Schild neben einem Picknickplatz lautet: *„Thüringen grüßt die Pilger der VIA ROMEA."*

Hinter dem Forsthaus **Birkenmoor**, das wir umrunden, erreichen wir die **Alte Poststraße zwischen Braunschweig und Nordhausen,** die bis 1820 in Benutzung war. Heutzutage sind einige Abschnitte allzu renaturiert und teilweise nicht einmal richtig als Weg erkennbar. Andere Segmente hingegen sind komfortable Schotterwege.

Abschnitt der Alten Poststraße hinter dem Forsthaus Birkenmoor

Die Anstiege und vor allem die vielen Graswege heute kosten uns jede Menge Kraft. Christines Idee, eventuell bis 15 oder 16 Uhr in **Neustadt/Harz** zu sein und doch noch die morgige Kurzetappe nach Nordhausen heute Nachmittag zu gehen, ist längst passé. Zum einen sind wir zu ausgepowert und zum anderen viel zu spät dran.

So sind wir total glücklich, als wir Nachrichten des Neustädter Pfarrers bekommen. Ein Telefonat an mein Handy scheitert am fehlenden Netzempfang, aber zwei SMS kommen durch. Wir können im Pfarrhaus in Neustadt übernachten! Damit ist auch die Campingplatz-Option vom Tisch, für die unsere Schlafsäcke vermutlich auch zu dünn sind. Aktuell sinken die Nachttemperaturen hier im Harz bis auf 12-15 °C. Da ist ein Gemeindesaal ungleich angenehmer als ein Zelt.

140

Als wir die **Burgruine Hohnstein** erreichen gehen Kito und ich kurz hoch, auch wegen der HWN-Stempelstelle # 98. Danach beginnen wir drei den Abstieg hinab nach Neustadt. Vom hiesigen Dorffest ist weit und breit nichts zu sehen. Wie wir später erfahren, hat es auch bereits am gestrigen Samstag stattgefunden.

Wir erreichen das alte Pfarrhaus, das nicht mehr als solches, sondern nur noch gelegentlich als Gemeindehaus genutzt wird, kurz nach 18:30 Uhr. Ein junges Paar, das im Obergeschoss wohnt, begrüßt uns nett und weist uns ein, auch in die örtlichen Einkaufsmöglichkeiten, die gegen Null gehen.

Die **Pfarrkirche St. Georg** liegt direkt nebenan und ist noch offen. Hier gibt es auch einen Pilgerstempel. Ihr Vorgängerbau brannte wie fast der gesamte Ort am 10. September 1678 vollständig ab, wobei auch ihr gesamtes Inventar verloren ging. Der Wiederaufbau wurde 1679 begonnen, zog sich jedoch bis 1705 hin. Immerhin konnte bereits ab 1693 wieder in der halbfertigen Kirche der Gottesdienst gefeiert werden. Die Orgel von 1712 ist nicht erhalten. Sie wurde 1985 durch die Orgel eines dem Braunkohlentagebau zum Opfer gefallenen Ortes ersetzt.

Zum Abendessen ist der Dönerladen schräg gegenüber quasi die einzige Option. Die nutzen wir auch. Die Schnitzel mit Pommes schmecken ganz prima, wobei wir unser Abendessen sowie den Rest des Abends in den Gemeindesaal verlegt haben. Nach der Tagesschau sehen wir uns auf Christines Smartphon noch einen Film über den Kölner Dom an.

Danach sichte und überspiele ich meine Fotos von der Speicherkarte auf den Laptop und schreibe meine Tageserlebnisse nieder, während Christine und Kito kurz nach 22 Uhr noch ihre Abendrunde unternehmen. Gegen 22:45 Uhr ist heute Zapfenstreich.

Tageskilometer: 23,83 km

Gesamt-Kilometer: 428,34 km

Erkenntnis des Tages: Unser Ausrüstungstest mit dem schmalen Buggy zeigt einmal mehr, dass Gras-Trails sowie ungewohnt viele und steile Anstiege ganz schön schlauchen können und neben Kraft vor allem Zeit kosten. Auf der anderen Seite haben wir heute aber ein gutes Nachtquartier.

14. AUGUST 2023
NEUSTADT/HARZ NACH NORDHAUSEN
(Tag 20, Etappe 21)

Wir behalten unseren neuen Aufstehrhythmus bei: Um 6:45 Uhr klingelt Christines Wecker, 30 Minuten später meiner. Während Christine und Kito Kitos Geschäftsrunde erledigen, packe ich schon ein wenig. Danach frühstücken wir. Und um neun Uhr sind wir startbereit.

Das Wetter ist zum Pilgern sehr angenehm: um die 18 °C herum, sonnig, allerdings etwas schwül. Aber letzteres stört nicht zu sehr und verschwindet mit zunehmender Wärme, wobei letztere nur bis maximal 25 °C ansteigt.

Neustadt/Harz, Altes Tor

Wir verlassen Neustadt/Harz durch das **Alte Tor**, ein Stadttor aus dem 13. Jahrhundert. Nach wenigen Metern biegen wir nach links in den Rüdigsdorfer Weg ein, der nach einem Rechtsbogen am Ende der

Wohnbebauung als Feldweg weitergeht und uns auf die Anhöhe des **Galgenbergs** bringt.

Unser Pilgerweg steuert geradewegs wieder hinab ins Tal. Kito findet diesen Grasweg super und düst mit maximalem Spaß und ebensolchem Tempo immer wieder runter und rauf.

Nach einem Rechtsknick biegt der Weg ohne Markierung nach links in eine von Wald umgebende ansteigende Grasfläche und leitet damit die erste von zwei heftigen Steigungen (der kleine Anstieg zum Galgenberg zählt dabei heute nicht) ein. Nachdem wir diese gemeistert und auch den Wald hinter uns gelassen haben, öffnet sich vor uns eine weitere Wiesenfläche, auf der wir raten müssen, wo genau der Weg verläuft. Anhaltspunkt sind jedoch die Wegschilder, die wir am Ende dieser Wiesenfläche an einem Querweg sehen. Hier gehen wir geradeaus in einen anfangs kleinen und unscheinbaren Weg, der als hübscher Hohlweg im Wald hinunter nach **Rüdigsdorf** führt.

Kurz vor dem Ort sehen wir links des Wegs eine Mutter-Kälber-Gruppe Hochlandrinder. Im Ort sehen wir dagegen an diesem Montagmorgen so gut wie niemanden. Wer sich bemerkbar macht, sind diverse Hofhunde, die aber nur ihr Grundstück bewachen und ansonsten friedlich sind. Einer lugt unter seiner Toreinfahrt durch und sieht eher unglücklich sein. Vielleicht „beneidet" er Kito ob dessen freiem Pilgerleben…

Wir verlassen Rüdigsdorf auf einer kleinen, wenig befahrenen Landstraße in Richtung Nordhausen, die wir jedoch nach wenigen hundert Metern wieder nach links in einen Feldweg hinein verlassen. Dieser leitet nun unseren zweiten und zugleich letzten großen Anstieg des Tages ein. Kito pilgert immer vorweg, ist quasi unser Späh- und Erkundungstrupp, der sichtet, ob der Weg vor uns sicher ist.

Kurz vor dem höchsten Punkt dieses Anstiegs legen wir auf einer Bank unsere einzige Picknickpause des Tages ein, bevor es auf schönen Graswegen weitergeht.

Wenig später sehen wir Nordhausen vor uns.

Neben unserem Weg gibt es nun eine Menge Obstbäume. Die ersten roten Früchte, die ich zunächst für Kirschen halte, sind rote Mirabellen. Wir finden aber auch leckere, reife gelbe Mirabellen und jede Menge reifer Pflaumen. Kito probiert jedes Obst, das seine Menschen essen. Mirabellen mag er, Pflaumen weniger.

Wir gehen zwischen Feldern durch. Ein etwa 250 Meter langer Wegabschnitt ist so zugewachsen, dass er quasi nicht mehr als Weg erkennbar und nutzbar ist und wir stattdessen dicht am Rand des Maisfeldes rechts gehen.

Der Abstieg ist dann wieder bestens begehbar.

In **Nordhausen** halten wir uns nicht allzu lange auf. Wir gehen durch den historischen Ortskern zum Alten Rathaus, neben dem sich auch die Stadt-Information befindet. Als ich hier nach Pilgerstempeln frage, ist der Mitarbeiter völlig überfordert. Stempel? Er sucht überall herum – mal etwas halbherzig, mal leicht verzweifelt, und findet tatsächlich sogar zwei Stempel, die er beide in unsere großen deutschen VIA ROMEA Pilgerpässe drückt. Einer der beiden wünscht uns *„Viel Glück auf der Walz!"*.

Da wir ja noch eine längere Bahn- und Autofahrt nach Hause vor uns haben, verzichten wir auf Sightseeing in Nordhausen. Stattdessen gehen wir – auf direktem Weg, aber ohne Hektik – zum Bahnhof.

Während Christine kurz zum Bäcker geht, um Kaffee und Teilchen zu holen, checken Kito und ich die Zuganzeigen. Wir haben im Prinzip zwei Möglichkeiten, die dicht nacheinander von hier abgehen: Über Halle dauert die Fahrt mit nur einmal Umsteigen (wegen des längeren Aufenthalts in Halle) eine Stunde länger als die Fahrt via Northeim und Goslar mit zweimal Umsteigen. Die Entscheidung zugunsten der westlichen Option ergibt sich von selbst, da die Verbindung via Halle zwischendurch einen Schienenersatzverkehr hat…

Unser Zug RB 81 steht bereits auf Gleis 5 bereit, so dass wir mit dem Buggy den Fahrradbereich des Zugs aufsuchen und dort auch gleich freie Sitzplätze finden. Auch beide Umsteige klappen problemlos, so dass wir pünktlich in Wernigerode ankommen. Den Weg zum Auto auf dem P+R Platz sowie das Gepäckeinladen ins Auto haben wir gerade eben so hinbekommen, bevor es auch schon zu regnen anfängt.

Der Spaziergang ins Zentrum Wernigerodes sowie das geplante Eisessen und das Kaffeetrinken dort fallen daher aus. Stattdessen gibt es auf dem Weg zur Bundesstraße B 6 Kaffee, Würstchen und Teilchen von der Tanke. Um kurz nach 20 Uhr sind wir dann wohlbehalten wieder zu Hause.

Tageskilometer: 11,17 km

Gesamt-Kilometer: 439,51 km

Erkenntnisse des Tages: 1.) Heute war ein wunderbarer Pilgertag, der gerne hätte länger sein können.

2.) Kito und ich haben unser 2023er Jahresziel „von Stade bis zum Harz" mehr als erfüllt. Wir sind sogar schon durch den Harz hindurchgepilgert.

3.) Pilgern zu dritt geht doch super, wenn man sich wieder aufeinander eingespielt hat.

RÜCKSCHAU AUF UNSEREN WEG IM SOMMER 2023 VON STADE NACH NORDHAUSEN

Pilgern auf der VIA ROMEA GERMANICA (VRG) ist schön. Aber es ist etwas anders als Pilgern auf Jakobswegen. Vor allem gibt es natürlich andere Wegzeichen, an die man sich erst gewöhnen muss. Als Jakobspilger ist man halt auf die gelben Muschelzeichen und die sie gelegentlich ergänzenden gelben Pfeile „geeicht". Hier gibt es dagegen das quadratische blaue Zeichen mit dem Pilgerstab und dem Text VIA ROMEA bzw. bei den neueren Zeichen VIA ROMEA GERMANICA.

Wie auch auf den Jakobswegen ist die Qualität der Wegemarkierung und die Sichtbarkeit der Zeichen nicht überall gleich, sondern vielmehr von den jeweiligen Wegepaten abhängig. Teilweise werden die Zeichen auch behördlich „verwaltet" bzw. betreut. Und dass sie ggfs. auch mal zugewachsen sind, kommt bei Jakobswegen wie auch bei der VRG gleichermaßen vor. Was den Bekanntheitsgrad bei der einheimischen Bevölkerung angeht, so ist die VRG sicherlich tendenziell weniger bekannt, aber dieses Wissen ist auch bei großen Jakobswegen oft erstaunlich wenig ausgeprägt.

Hinsichtlich Pilgerunterkünften gibt es nur wenige Unterschiede. Nach meinen Erfahrungen ist die Chance, in Gemeindehäusern unterzukommen hier auf der VRG sogar größer. Die Gemeindebüros, Küster/innen und Pfarrer/innen reagieren hier teils aufgeschlossener als an Jakobswegen. Die Pilgerzahl auf der VRG ist deutlich geringer. Ich mag das, weil ich nicht darauf aus bin, abendliches „Socializing" zu pflegen. Ich pilgere sehr gerne alleine, wobei ich mit Kito (und Christine) ja nie wirklich allein bin. Deshalb suche ich mir ja auch beim Jakobspilgern gerne weniger bekannte und somit weniger begangene Wege heraus.

Rom-Pilgern auf der VRG ist kein Massenphänomen. Es ist etwas Besonderes. Gemeinsam mit Kito durfte ich in diesem Sommer zahlreiche schöne Orte, Wege und Landstriche kennenlernen und – im wahrsten Sinne – erleben. Das war super-schön und brachte mir jede Menge Lebensqualität und bleibende Erinnerungen. **Dafür gilt mein Dank allen Gemeindemitarbeitern und Ehrenamtlern.**

UNSERE PILGERTAGE & QUARTIERE AUF DER VIA ROMEA 2023 VON STADE NACH NORDHAUSEN (ÜBERSICHT)

Segment 1: Stader Geest

Tag 1 - Etappe 1 - 06.05.2023 - Stade nach Harsefeld - 29,82 km (ab Bhf. Stade) - Gesamt 30,62 km - Übernachtung: PU kath. Kirchengemeinde St. Michael, Böberstraat 11A, Ansprechpartner Maria Schimmöller, 0178 2015321

Tag 2 - Etappe 2 - 07.05.2023 - Harsefeld nach Zeven - 29,02 km - Gesamt 58,84 km - von dort Heimfahrt per Bus & Bahn, Übernachtung zu Hause

Segment 2: Lüneburger Heide

Tag 3 - Etappe 3 - 10.06.2023 - Zeven nach Gyhum - 16,7 km (bei um die 30 °C im Schatten) - Gesamt 75,54 km - Übernachtung: PU St. Margarethen KG Gyhum

Tag 4 - Etappe 4 - 11.06.2023 - Gyhum nach Scheeßel - 19,3 km (bei um die 30 °C im Schatten) - Gesamt 94,84 km Übernachtung: PU St. Lucas KG Scheeßel

Tag 5 - Etappe 5 - 12.06.2023 - Scheeßel nach Bellen - 26,7 km (inkl. Abstecher u.a. zum Rittergut Veerse und zum Supermarkt in Brockel) - Gesamt 121,54 km - Übernachtung: Privatquartier Udal Wiederhold (WIDU Mühlenbau), Bellen 14, wiederhold-muehlenbau.de

Tag 6 - Etappen 6 & 7 - 13.06.2023 - Bellen nach Neuenkirchen und weiter nach Soltau - 17,45 + 12,1 = 29,55 km (mit Umwegen) - Gesamt 151,19 km - von dort Heimfahrt per Bahn, Übernachtung zu Hause

Segment 3: Lüneburger Heide

Tag 7 - Etappe 8 - 30.06.2023 - Soltau nach Wietzendorf - Anreise (in Hamburg und in Soltau vom Bahnhof zur Lutherkirche): 4,2 km + Pilgerweg bis zur Pilgerunterkunft: 17,4 km = zus. **21,6 km** - Gesamt 172,79 km -

Übernachtung: private PU im Ferienhof Steinbruch, Fam. Euhus, Wietzendorf 81, ferienhof-steinbruch.de, Buchungen nur über 0172 5473532

Tag 8 - Etappen 9 & 10 - 01.07.2023 - Wietzendorf nach Bergen und weiter nach Sülze - 28,6 km (ab PU bis PU) - Gesamt 201,39 km - Übernachtung: private PU bei Ferdinand Panten, Am Friedhof 12

Tag 9 - Etappe 11 - 02.07.2023 - Sülze nach Celle - 30,8 km (ab PU bis PU) - Gesamt 232,19 km - Übernachtung: Gemeindehaus der Ev.-luth. Kreuzkirche in Celle

Tag 10 - Etappe 12 - 03.07.2023 - Celle nach Bröckel - 22,4 km - Gesamt 254,59 km - Übernachtung: Antikhof Drei Eichen (Torsten Laskowski)

Tag 11 - Etappen 12 & 13 - 04.07.2023 - Bröckel nach Wipshausen - 22,3 km - Gesamt 276,89 km - von dort Heimfahrt mit Christine, Übernachtung zu Hause

Segment 4: Ostfalen & Harz

Tag 12 - Rest der Etappe 13 - 04.08.2023 - Wipshausen nach (Braunschweig) Alt-Lehndorf - 19,6 km - Gesamt 296,49 km - Übernachtung: Pilgerherberge der Ev. Kreuzkirche Alt-Lehndorf

Tag 13 - Etappe 14 - 05.08.2023 - Alt-Lehndorf via Braunschweig Dom nach Wolfenbüttel - 20,6 km - Gesamt 317,09 km - Übernachtung: Gemeindehaus der Hauptkirche Beatae Mariae Virginis (Ev.-luth. KG St. Marien & St. Trinitatis)

Tag 14 - Etappe 15 - 06.08.2023 - Wolfenbüttel nach Hornburg - 20,9 km - Gesamt 337,99 km - Übernachtung: Gemeindehaus der Kirche Beatae Mariae Virginis (Ev.-luth. KG St. Marien Hornburg)

Tag 15 - Etappen 16 & 17 - 07.08.2023 - Hornburg nach Osterwieck und weiter nach Veckenstedt - 24,9 km - Gesamt 362,89 km - Übernachtung: Kunstmühle, Edda Grossman, in Veckenstedt

Tag 16 - Rest der Etappe 17 - 08.08.2023 - Veckenstedt nach Wernigerode, von dort Heimfahrt per Bahn bis Peine und weiter per Auto nach Hause - 9,5 km + 2 km = **11,5 km** - Gesamt 374,39 km - anschließend Heimfahrt & Übernachtung zu Hause

Segment 5: Harz

Tag 17 - Etappe 18 - 11.08.2023 - Wernigerode nach Elbingerode - 13,82 km - Gesamt 388,21 km - Übernachtung: private PU Josefine Wilhelm

Tag 18 - Etappe 19 - 12.08.2023 - Elbingerode nach Hasselfelde - 19,0 km - Gesamt 407,21 km - Übernachtung: Pfarr-/Gemeindehaus der ev.-luth. KG St. Antonius, Pfarrer Karsten Höpting

Tag 19 - Etappe 20 - 13.08.2023 - Hasselfelde nach Neustadt/Harz - 23,83 km - Gesamt 431,04 km - Übernachtung: Pfarr-/Gemeindehaus der ev.-luth. KG St. Georg, Pfarrer Gregor Heimrich

Tag 20 - Etappe 21 - 14.08.2023 - Neustadt/Harz nach Nordhausen - 11,17 km - Gesamt 418,38 km - anschließend Heimfahrt & Übernachtung zu Hause

Damit haben Kito und ich unser Jahresziel für 2023 (nämlich Wernigerode) mehr als erreicht!

HUNDE-FREUNDLICHE PILGER-UNTERKÜNFTE AUF DER VIA ROMEA 2023 VON STADE NACH NORDHAUSEN (ÜBERSICHT)

Harsefeld (1): PU kath. Kirchengemeinde St. Michael, Böberstraat 11A, Ansprechpartner Maria Schimmöller, 0178 2015321, Schlafsack mitbringen, Pilgerzimmer mit Bett, Dusche und WLAN, weitere Matratzen im Gemeindesaal (ohne WLAN) vorhanden, Donativo (20 €)

Zeven (2): PU kath. Kirchengemeinde Christ König Zeven, Hoftonhörn 9, Ansprechpartner Georg Breitenbach, 0172 4300422, Schlafsack mitbringen, Matratzen vorhanden, keine Duschen, Donativo *(im Oktober 2021 von uns auf der Via Baltica genutzt)*

Gyhum (3): PU St. Margarethen KG Gyhum, Eichenstr. 2, Ansprechpartner: Irmela von Lenthe, 04286 1749 oder 0175 5214473, Unterbringung im Jugendzimmer, Schlafsack und Isomatte mitbringen, keine Dusche, kein WLAN, Donativo (20 €)

Gyhum (3): Pension Haack, Frau Renee Haack, Bergstraße 2, 27404 Gyhum, Tel. +49 4286 / 1859 oder +49 160 / 94515446, Fax +49 4286 / 9249193, reneehaack@gmx.de, pension-haack.de, EZ 39 €

Scheeßel (4): PU St. Lucas KG Scheeßel, Ansprechpartner: Ines Otworowski, Große Str. 14, kirchenbuero@kirche-scheessel.de, 04263 1468 / Pastor Nack, Große Str. 16, Schlafsack und Isomatte mitbringen, keine Dusche, kein WLAN, gratis, Spende im Gemeindebüro möglich und gern gesehen (15 €)

Bellen (5): Privatquartier Wiederhold, Udal Wiederhold & Reimund Wiederhold (WIDU Mühlenbau), Bellen 14, wiederhold-muehlenbau.de, 04266 505, Pilgerzimmer mit Bett und Bettzeug, Bad mit Dusche, WLAN, Donativo (20 €)

Wietzendorf (8): Ferienhof Steinbruch - Christa Herder-Euhus, Steinbruch 81, Wietzendorf, ferienhof-steinbruch.de, Gästezimmer mit Frühstück, Gemeinschaftsbad, Dusche, Teeküche, WLAN, inkl. Hund 35 €, Buchungen nur tel. via 0172 5473532

Wietzendorf (8): Südsee-Camp, Südsee-Camp 1, suedsee-camp.de, Sonderpreis für Wanderer & Pilger 13 € (statt normal 29 €), Hund + 9 €, zusammen also 22 €

Wietzendorf (8): Pension Brüggemann, Über der Brücke 6, Wietzendorf, 05196 1425, DZ als EZ 42 € o.f., Hund + 10 €, zusammen also 52 €

Sülze (10): private PU Ferdinand Panten, Am Friedhof 12, 05054 8586, WLAN, Mitbenutzung von Bad und Dusche, kein Frühstück, gratis

Celle (11): PU Ev.-luth. Kreuzkirche, Pastorin Carola Beuermann, Windmühlenstr. 45, 29221 Celle, buero@kreuzkirche-celle.de, 05141 25540, 0151 70059232, Schlafsack und Isomatte mitbringen, große Turnmatte bzw. Couch vorhanden, WC, keine Dusche, kein WLAN, Donativo (15 €)

Bröckel (12): PU Antikhof Drei Eichen, Hauptstraße 56, Torsten Laskowski, 05144 560177, tl.antikhof@t-online.de, Übernachtung im Schäferwagen mit Bettzeug, WLAN, Mitbenutzung von Bad und Dusche, 25 € inkl. Frühstück

Eickenrode (12): Gasthaus Pröve, Alter Postweg 12, 31234 Eickenrode, 05372-958150, Hund ist okay

(Braunschweig) Alt-Lehndorf (13): Pilgerherberge der Ev. Kreuzkirche Alt-Lehndorf, Große Str. 13, 38116 Braunschweig, Alt Lehndorf, Pilgerbeauftragter Dieter Brinkmann, Große Str. 28, h.brinkmann2@vodafone.de, 0531 54165 & 0176 41215905, zwei Betten, Schlafsack mitbringen, Bad mit Dusche & WC, kein WLAN, Hund ist willkommen, Donativo

Wolfenbüttel (14): PU Hauptkirche Beatae Mariae Virginis (Ev.-luth. KG St. Marien & St. Trinitatis), Michael-Praetorius-Platz 9, 38302 Wolfenbüttel, marien-trinitatis.wf.buero@lk-bs.de, 05331 972850, Küsterin ist Frau Droste 0160 92232709, Schlafsack und Isomatte mitbringen, keine Dusche, aber WLAN, Hund ist willkommen, Donativo

Hornburg (15): PU Ev.-Luth. KG Beatae Mariae Virginis Hornburg-Isingerode, Pfarrhofstr. 3, 38315 Hornburg, Pfarrer Olaf Schäper, Tel.: 05334-1328, olaf.schaeper@lk-bs.de, Gemeindebürosekretärin Doris Knackstedt, gleiche Tel.-Nr., Di + Fr 10-12 h, Küsterin ist Marion Frenken 0151 40762664, sehr gemütliches Zimmer im Obergeschoss des Gemeindehauses, Bettcouch vorhanden, Schlafsack mitbringen, keine Dusche, aber WLAN, Hund ist sehr willkommen, Donativo (20 €)

Veckenstedt (17): Kunstmühle, Edda Grossmann, Straße der Technik 6, 38871 Veckenstedt, post@kunstmuehle-veckenstedt.com, atelier@edda-grossman.de, 039451 630 76, EZ mit Gemeinschaftsbad (Dusche, WC) ohne Frühstück 40 €, WLAN funktionierte nicht

Elbingerode (18): Privatunterkunft Josefine Wilhelm, Torstraße 10, 38875 Elbingerode, josefine-schmidt@gmx.de, 0179 9571586, Zimmer mit Bett, Mitbenutzung von Bad und Küche, Donativo (25 €)

Hasselfelde (19): PU Ev.-luth. KG St. Antonius, Blumenaustr. 7, 38899 Hasselfelde, Pfarrer Karsten Höpting, 039459 735518, 0179 5305395, Schlafsack und Isomatte mitbringen, keine Dusche, kein WLAN, Donativo (25 €)

Neustadt/Harz (20): Campingplatz am Waldbad, Müller & Bendert GbR, An der Burg 3, 99768 Neustadt/Harz (Harztor), Ü inkl. Dusche 6,50 €/P., Zelt 4,50 €, Hund 2 €, KT 1,25 €

Neustadt/Harz (20): PU Ev.-luth. KG St. Georg, Gemeindehaus, Kirchplatz 7, 99768 Neustadt/Harz (Harztor), christen-in-harztor.de, Pfarrer Gregor Heimrich, 036331 46372, 0176 80006430, Schlafsack und Isomatte mitbringen, keine Dusche, kein WLAN, Donativo (25 €)

PS: Die Zahlen in den Klammern nach den Ortsnamen beziehen sich auf die vorgeschlagenen Etappen. Die in Klammern gesetzten Beträge bei Donativo sind die von mir gespendeten Beträge.

Meine persönlichen Top-3 auf diesem bisherigen Wegabschnitt sind eindeutig:

1.) Bröckel (12) mit dem Schäferwagen und der urigen Umgebung
2.) Bellen (5) mit dem gemütlichen Zimmer und allem Komfort im Nirgendwo
3.) Hornburg (15), wo es zwar keine Dusche gibt, aber ansonsten alles, was der Pilger braucht.

Bei diesen dreien wurden wir besonders herzlich empfangen und haben uns besonders wohlgefühlt.

VORSCHAU AUF 2024/2025

Natürlich ist es schwer, in die Zukunft zu blicken und große Pläne zu schmieden. Ich halte vielmehr gerne „den Ball flach" und lasse mich am Ende positiv überraschen. So wie in diesem Jahr, als wir nicht nur bis zum Harz, sondern auch noch durch ihn hindurch gepilgert sind.

Wenn alles gut läuft und wir gesund bleiben, so würde ich gerne als Nächstes den größten Teil der noch ausstehenden deutschen Etappen gehen. Da An- und Rückreise jedoch immer aufwändiger werden, werden wir vermutlich längere Blöcke gehen (müssen). Da werde ich schauen müssen, was wirklich neben meiner Arztpraxis geht.

Außerdem gehen Christine, Kito und ich ja auch noch von Zuhause nach Santiago de Compostela. Dieses im Herbst 2021 begonnene Pilgerprojekt, bei dem wir bis Oktober 2023 die erste Hälfte des Wegs geschafft haben, hat eindeutig Priorität und wird einen großen Teil meiner zeitlichen und finanziellen Ressourcen beanspruchen.

Und dann möchte ich weiterhin auf norddeutschen Wegen – also in räumlicher Nähe – pilgern. Zum Beispiel auf dem Nordsee-Küsten-Weg von Lunden nach Tondern, auf dem Baltisch-mitteldeutschen Jakobsweg von Rostock nach Bad Wilsnack und auf dem Roswithaweg von Nienburg / Weser nach Bad Gandersheim.

Insofern werde ich vermutlich erst im Jahr 2025 genügend Zeit finden, diesen interessanten Rom-Pilgerweg fortzusetzen.

Jeder Pilgertag ist ein Geschenk!

PILGERPÄSSE

Pilgerstempelpass VIA ROMEA (1. Auflage) bzw. VIA ROMEA GERMA-NICA (2. Auflage), DIN A5, 72 Seiten, Ostfalia-Verlag, 7,00 €, erhältlich u.a. in der Tourist-Information am Hafen in Stade sowie im Onlineshop der Wernigerode Tourist GmbH (https://shop.wernigerode-touris-mus.de/produkt/pilgerstempelpass-via-romea/)

Pilgerpass der italienischen „Via Romea Germanica Association", handlich schmal und leicht, DIN A6, nur für jeweils einen Stempel in jedem Etappenziel, per Mail gegen Spende bestellbar bei credenziale@guidaromea.eu, Lieferzeit etwa 3 Wochen

Rom-Pilgerpass der Sankt-Jakobus-Bruderschaft Trier, bestellbar gegen Gebühr von 5 € über https://sjb-trier.de/wp-content/uploads/2023/04/Antrag-Pilgerausweis-Rom.pdf, Bearbeitungszeit etwa 3 Wochen

LITERATUR

Pilgerführer:

Via Romea – Pilgerführer für Deutschland, Stade – Mittenwald, Paperback, 160 Seiten, Ostfalia-Verlag (vergriffen, nur noch antiquarisch erhältlich)

Reiseführer:

Jochen Heinke: Der mittelalterliche Pilgerweg Via Romea – zu Fuß und mit dem Fahrrad auf dem norddeutschen Abschnitt, Paperback, 96 Seiten, 2015, 12,00 € (vergriffen, nur noch antiquarisch erhältlich)

Jochen Heinke: Der mittelalterliche Pilgerweg nach Rom – unterwegs auf der Via Romea vom Thüringer Wald zu den Alpen, Paperback, 140 Seiten, 2013, 18,00 € (vergriffen, nur noch antiquarisch erhältlich)

Thomas Mohr: Mit drei Lamas nach Rom. Wie ich als Schatten meiner selbst loszog und unterwegs das wahre Leben fand, Hardcover, 255 Seiten, bene! Verlag, 2019, 20,00 €

Eberhard Grüneberg: Zu Fuß zu Franziskus. Von Eisenach nach Assisi auf der Via Romea, 192 Seiten, Wartburg-Verlag, 2020, 16,00 €

ÜBER DEN AUTOR

Christian Hottas, Jahrgang 1956, lebt seit 1979 in Hamburg, wo er seit 1993 als Facharzt für Allgemeinmedizin mit den Zusatzschwerpunkten Sportmedizin, Chirotherapie und reisemedizinische Beratung niedergelassen ist. Während seiner Sportmedizin-Weiterbildung lief er im April 1987 in Hamburg seinen ersten Marathon und im Juli 1987 in Karlsruhe seinen ersten Ultramarathon.

Im August 2005 absolvierte er seinen 1000. Lauf über mindestens Marathondistanz, im Mai 2013 seinen 2000. und im Juni 2021 dann seinen 3000. derartigen Lauf. Seit August 2011 führt er die „World Megamarathon Rankings" (Weltrangliste der Marathon-Vielfach-Finisher) mit inzwischen großem Vorsprung an.

Zum Pilgern kam er erst im Herbst 2018, als er mit seiner heutigen Lebensgefährtin Christine Schroeder seinen ersten Jakobsweg, den Camino Inglés, ging.

Zunächst pandemiebedingt, konzentrierte sich sein Pilgerinteresse seit 2020 auf deutsche Pilgerwege, wobei ihn insbesondere weniger bekannte Strecken faszinieren. Seit Sommer 2021 ist auch Familienhund Kito (Pinscher-Mix, Jahrgang 2019) mit Begeisterung dabei.

Seither hat es für Christian auch keinen Pilgertag ohne Kito gegeben. Kito ist Pilger durch und durch und Christians zuverlässiger Begleiter und Beschützer. So kompliziert Pilgern mit Hund anfangs schien, so sehr ist jetzt, da Kito und seine Menschen immer besser aufeinander eingespielt sind, Pilgern ohne Hund beinahe undenkbar.

Derzeit sind alle drei – Christian, Christine und Kito – als Jakobspilger von ihrem Zuhause in Hamburg nach Santiago de Compostela unterwegs. Bremen und Wildeshausen (Herbst 2021), Osnabrück, Münster, Herdecke (Frühjahr 2022), Köln und Trier (Herbst 2022) sowie Vézelay (Herbst 2023) haben sie bereits erreicht und damit etwa die erste Hälfte dieses Projekts gemeistert. 2024 werden alle drei auf der Via Lemovicensis und 2025 auf dem Camino Francés unterwegs sein.

Kito und Christian sind zudem noch zu zweit auf einer anderen Route von Hamburg nach Aachen unterwegs und haben dabei über Soltau,

Mariensee, Loccum und Minden bis März 2023 Bielefeld erreicht. Von hier soll es 2024 weitergehen.

Auf der VIA ROMEA GERMANICA, einem Pilgerweg von Stade nach Rom, der dem Rückweg-Route einer Dienstreise des Stader Abtes Albert 1236/37 folgt, sind beide im Frühjahr und Sommer 2023 von Stade bis nach Nordhausen gegangen.

Kito und Christian vor der Pilgerherberge in Bröckel

WEITERE ERLEBNISBERICHTE

Camino Inglés – Schnupper-Pilgern von Ferrol nach Santiago de Compostela (Band 1, gegangen 2018, erschienen Herbst 2023, ISBN: 9 783758 308581)

Hümmlinger Pilgerweg – Von Stein zu Stein Pilgern im Emsland (Band 2, gegangen 2020, noch in Vorbereitung)

Sigwardsweg – Pilgern von Minden nach Idensen und zurück (Band 3, gegangen 2020, noch in Vorbereitung)

Mittelalterlicher Pilgerweg von Berlin nach Wilsnack – Pilgern mit Hund in Brandenburg (Band 4, gegangen 2021, erschienen Herbst 2023, ISBN: 9 783758 308550)

Annenpfad – Kurz-Pilgern in der Prignitz (Band 5, gegangen 2021 & 2022, erschienen Herbst 2023, ISBN: 9 783757 882525)

Jacobusweg Lüneburger Heide von Hamburg & von Lüneburg nach Kloster Mariensee – Jakobspilgern mit Hund und 9-Euro-Ticket (Band 6, gegangen 2022, erschienen Ende 2023, ISBN: 9 783755 739562)

Dithmarscher Jakobsweg – Pilgern mit Hund auf der Westküsten-route der Via Jutlandica (Band 7, gegangen 2022, erschienen Herbst 2023, ISBN: 9 783757 884147)

Jakobspilgern mit Hund von Hamburg nach Santiago de Compostela – Teil 1: von Hamburg bis nach Trier auf der Via Baltica, dem Osnabrücker und dem Bergischen Jakobsweg sowie der Via Coloniensis (Band 8, gegangen 2021-2022, erscheint Anfang 2024)

Pilgern mit Hund von Hamburg nach Aachen (Band 9, gegangen 2022-2024, noch in Vorbereitung)

Via Romea Germanica – Rom-Pilgern mit Hund, Teil 1: von Stade nach Nordhausen (Band 10, gegangen 2023, erscheint Anfang 2024, ISBN: 9 783758 312854)

Jakobspilgern mit Hund von Hamburg nach Santiago de Compostela – Teil 2: von Trier nach Vézelay (Band 11, gegangen 2023, erscheint Anfang 2024, ISBN: 9 783758 313264)

ENTSTEHUNGSGESCHICHTE DIESES BUCHES

Pilgerweg gegangen zwischen Anfang Mai 2023 und Mitte August 2023 (ein Wochenende & vier mehrtägige Blöcke)
Textkonzept und -Beginn im April 2023
Text als Rohfassung fertiggestellt im August 2023
Layout gemäß der BoD-Buchblock-Anleitung mit Fotos, Lektorat, Schlussbearbeitung, Covergestaltung & Publikation im November & Dezember 2023, Upload Anfang Januar 2024